KB261210

진짜 인간적인 삶 True Christianity

지은이 조성제

1판 1쇄 발행 2018년 3월 16일

저작권자 조성제

발행처 하움출판사
발행인 문현광
교정교열 조세현
디자인 주슬기
주소 광주광역시 남구 대남대로 149번길 19 3층 하움출판사
ISBN 979-11-88461-21-9

홈페이지 http://haum.kr/
이메일 haum1000@naver.com

좋은 책을 만들겠습니다.
하움출판사는 독자 여러분의 의견에 항상 귀 기울이고 있습니다.

진짜 인간적인 삶
True Christianity

지은이 조성제

2부 기존 기독교리에 대한 항변

할머니의 아버지 때 처음 기독교를 받아들였습니다. 그 당시는 신학을 공부한 목사님이 귀했고 외국 선교사가 선교를 할 때라 외증조부가 몇 안 되는 교인과 함께 예배를 인도하는 영수를 하신 거로 알고 있습니다.

당시 기독교인이 몇 없었고 기독교인에게 시집가기가 너무 힘든 때라 아버지가 기독교인이라는 것 때문에 엄청난 반대에도 불구하고 어머니는 아버지께 시집을 갔습니다. 저는 4남 2녀 중 셋째 아들로 태어났고 해방 후 출옥 성도들이 세운 교회 중 하나인 재건 교인으로 매일 4번씩 예배를 드리는 집에서 지독한 기독교인으로 자랐습니다. 하나님을 아버지로 모시면서.

지금 제 나이가 65세입니다.

1975년 중학교 수학 교사로 독산동의 강서중학교로 발령받아 3년 재직, 돈암동의 서라벌 고등학교에서 5년 재직 후 퇴임, 신학을 새롭게 정립할 뜻으로 도미, 10년 후 고향 마산에서 수학 학원을 하며 '하나님이신 사랑의 교회'에서 지금까지 10여 년 동안 강단을 맡아오고 있습니다.

하나님이 사람들에게 제대로 인식되지 않는 것은 기존 신학자들이 잘못 하나님 말씀을 그들의 학문 속에 수용했기 때문이고 그 신학을 배운 목사님들이 잘못된 체계를 교인들에게 전했기 때문으로 생각되었습니다.
이 조그만 책을 통해 참 기독교가 무엇이 되어야 할지 같이 생각해보고, 그리하여 한 창조주로부터 생겨나 함께 이 시대를 살아가는 이웃들이 하나님을 제대로 만나 진짜 인간의 삶을 함께 살고파 이 글을 남기려고 하는 것입니다.

이 글이 쓰이기를 하나님께서 바라는 것이길 무엇보다도 간절히 바라면서….

제1부
하나님이신 사랑
(God = Divine Love)

창조주가 될 수 있는 조건

우리가 가진 몸의 어떤 한 세포도 스스로 만들 수 없는 피조물인 우리들이 이 문제를 논한다는 것은 무리가 있는 것이지만 창조주가 될수 있는 꼭 필요한 한 조건은 생각할 수 있습니다. 한 피조물이 잘되는 것이 다른 피조물이 잘되는 것이 되도록 할 수 있어야 합니다.

그렇게 하려면 모든 피조물이 사랑으로 엮어져야 합니다. 내가 잘 되는 것은 내가 사랑하는 자가 잘 되는 것이기 때문입니다. 이웃을 자신보다 사랑할 수 있도록 할 수 있는 길을 마련할 수 있는 자라야 합니다.

창조주가 아닌 신은 모르지만, 창조주인 신은 그렇게 할 수 있어야 합니다.

창조주는 어떻게 이웃을 자신 보다 사랑하게 할 수 있을까?
내가 만일 이웃을 나 자신 보다 사랑하게 된다면 나의 상태는 어떤 상태일까?
도대체 그것이 가능할 수 있는가?

기독교의 가장 큰 계명 두 가지는 다음과 같이 서술되어 있습니다.

첫째. 내 마음을 다하고 뜻을 다하고 목숨을 다하여 하나님을 사랑하라.

하나님이 생명의 근원이며 하나님을 위해 생명이 존재한다는 것.

둘째. 이웃을 내 몸과 같이 사랑하라

이웃을 내 자신 보다 사랑하지 않으면 이웃을 위해 내 생명을 바칠 수가 없습니다. 내 생명이 보존되는 범위까지만 이웃을 사랑한다면 그 사랑은 참된 사랑이라고 할 수 없습니다. 따라서 이웃을 내 몸과 같이 사랑하려면 이웃을 자신보다 사랑해야 합니다.
도대체 어떻게 이것이 가능하며 하나님이 무엇이기에 내 생명을 바치더라도 하나님을 위해야 한단 말입니까?

하나님은 무엇이신가?

모든 것을 생기게 할 수 있는 하나님은 무엇이신가? 도대체 나는 무엇이신 하나님의 뜻에 의해 생겨났단 말인가? 이 질문은 너무나 중요한 것이었고 내 삶은 지속할 가치가 과연 있는 것인가와 직결된 것이었습니다.

하나님이 무엇인지를 결판 보기 위해 목적지도 정하지 않은 채 시외버스에 성경만 가지고 몸을 실은 적이 있었는데 그때가 1977년의 어느 가을날 이었던 것 같습니다.

하나님이 무엇이신지에 대한 간절한 기도를 한 다음 날 아침 어느 농업 전문대학 (아마 안성농전)의 교정에 잎이 넓은 식물이 내 눈앞에서 공기압에 의해 수은주가 올라가듯이 사랑의 압력에 의해 그 잎이 자라는 것이 보였고 이내 사랑에 의해 그 식물이 생겨난 것임을 알았고 모든 것을 생기게 하는 것이 하나님이므로 사랑이 바로 하나님임을 결론짓게 되었고 하나님은 우리를 사랑하는 분이 아니라 사랑이 바로 하나님이라는 확신이 들었습니다. 그리하여 성경 속에서 그 근거를 찾던 중 예수님이 가장 사랑하던 제자 요한의 첫 번째 서신에서 제자들이 하나님을 보여 달라고 했을 때 '하늘의 천사도 하나님을 볼수 없다'고 하시면서 '나를 본 자가 하나님을 본 자'라고 했고 '내가 행하는 모든 것은 내 속에 계신 하나님이 하는 것이라'고 예수께서 말씀하셨습니다. 하나님은 인식의 한계를 넘어서 있는 존재의 근원이시며 예수를 통해야만 인식될 수 있는 것을 알 수 있었습니다.

그 깨달음과 동시에 내가 변하여 모든 사람을 사랑할 수 있는 상태가되었는데 이생에 같이 사는 사람뿐 아니라 이미 죽은 사람까지도 사랑하는 상태가 된 것이었고, 학교의 제자들이 얼굴에서 빛이 나는 하나님이 사랑하는 아이들로 보였고 아이들의 얼굴에 손찌검을 하는것이 하나님의 얼굴을 때리는 것 같은 생각이 든 기억이 있습니다. 그리고 어떤 선생님 주위로 햇살 같은 사랑의 빛이 싸고 있었는데 물론그분은 전혀 몰랐고 "역사는 하나님의 인간을 향한 짝사랑의 공간이구나." 하는 생각이 들었고 수업시간에 제자들에게 "역사는 하나님의짝사랑의 시공이다."를 따라 하라고까지 했습니다.

이 사랑이 충만한 상태는 제 평생에 3번 있었는데 버스 안에서 성경말씀을 읽어주고 내린 후에 한 번, 새벽 기도가서 진실한 회개의 기도를 마치고 교회 문을 나서면서 한 번이었습니다. 그러나 내가 나를 남보다 우선하는 한 마디에 홀연히 그 상태가 사라지는 것을 경험한 적이 있습니다. 성경에 인간 존재는 하나님의 영을 담기 위한 그릇으로정의되는데 결국 사랑이신 하나님을 담기 위한 그릇 또는 형식이란것을 알았습니다.

하나님이 진짜 있는가?
그러면 그 하나님은 누가 지었는가?

그때가 1976년쯤으로 기억되는 데 강서중학교에 재직하고 있었고 동대문 창신교회의 학생부 교사로 임명되었습니다. 그때 다른 선생님과 함께 학생 부흥회를 먼저 하고 학생부를 인도해 가기로 했습니다. 그때 가장 우선 해결해야 하는 것이 학생들에게 하나님이 존재함을 확실히 심는 것이었습니다. 그래서 나는 학생 수만큼의 장미를 사가지고 와서 학생들에게 나눠 주었습니다.

그리곤 이스라엘 백성을 이집트에서 해방시킨 모세가 광야에서 40년의 훈련을 마치고 이집트왕 파라오에게 가기 전, 40년 동안 자기를 훈련시킨 하나님에게 '누가 보내서 왔다고 할까요?' 라고 물었을 때 '스스로 있는 자가 너를 보냈다고 하라'라고 대답한 이야기를 학생들에게 했습니다.

스스로 계신 자가 보냈다고 하면 누가 믿을 수 있겠습니까? 믿을 수 있는 자는 모세 자신밖에 없는 것입니다.
스스로 있을 수 있는 자가 없다면 스스로 있을 수 없는 자가 어떻게 있을 수 있습니까? 아름다운 장미가 저절로 생길 수 있습니까? 라고 학생들에게 물었습니다.

모세의 마음속에도 어떻게 하나님은 스스로 존재할 수 있지? 라는 물음이 일어날 수 있지만 하나님이 거짓을 말할 수 있는 자도 아니고 '그렇다면 스스로 있을 수 없는 나는 스스로 있을 수 있는 자가 어떻게 스스로 있을 수 있는지 알 수가 없는 것이구나.' 라고 결론지을 수밖에 없었을 것입니다.

우리가 가진 몸은 신비 중의 신비입니다. 우리 몸의 세포 하나도 스스로 만들 수 없습니다. 인체를 연구하는 의학도는 인체의 신비함을 접하면서 인체를 생성시키는 자가 있다는 것을 부인하는 것이 불가능한 것이 되는 것입니다.
스스로 존재할 수 없는 자가 도저히 알 수 없는 이유로 스스로 존재하는 자는 존재하는 것입니다.
그렇지 않다면 스스로 존재할 수 없는 모든 것이 있을 수 없으니까.
여기서,

왜? 스스로 존재할 수 있는 창조주는 모든 만물을 있게 했을까?

창조주가 피조물보다 먼저 있었으므로 피조물을 위해 창조주가 있는 것이 아니고 피조물이 창조주를 위해 있는 것입니다.
창조주를 위해 피조물이 있을 때 피조물은 자기가 존재하는 목적에 맞게 있는 것이고 피조물 자신을 위해 있게 되는 것입니다.

가장 인간적인 삶은 그 인간이 창조주를 위해 살 때라고 할 수 있는 것입니다.
창조주는 창조주를 위해 사는 것이 가장 인간적인 삶을 사는 것이 되는 그런 창조주인 것입니다.
자신을 생기게 하고 자신이 살아있게 하는 자가 없다고 생각하는 자는 자기가 하나님이 되어 사는 것일 수 있습니다. 자기가 목적이 되어 삶을 사는 것입니다. 자신을 생기게 하고 살아가게 하는 자의 의도와 는 상관없이.

가장 잘 사는 것이 무엇인지 모른 채 다른 사람보다 지위가 높고 많이 가진 자가 되는 것이 목적이 되고 말 것입니다. 결국, 경쟁적 가치관 속에 살게 되고 이기적인 삶을 살게 되어 자기 것부터 챙기는 것을 당 연한 것으로 여기는 그리하여 이웃을 자신처럼 사랑할 수 있는 참 인 간존재가 될 가능성을 완전히 박탈당하게 되는 것입니다.

'3'번에서 창조주는 '사랑' 그 자체라고 했습니다. 사랑이신 창조주는 존재 이전의 분이고 스스로 있는 것입니다.

사랑의 주체가 존재인 것이 아니라 존재의 주체가 사랑인 것입니다.
존재는 사랑을 담는 그릇 또는 형식인 것입니다.
사랑을 담을 수 없는 존재는 존재의 의미를 상실하게 되어 사멸할 것 입니다.
창조주이신 사랑을 담을 수 없는 상태는 존재할 근거를 잃은 상태입 니다. 이 상태를 죄의 상태라고 기독교에서 정의합니다.

인간은 본래 원죄를 갖고 태어난다는데
인류의 조상이 지은 죄가 나에게 유전된다는 건가?

인간은 본래 원죄를 갖고 태어난다는데 인류의 조상이 지은 죄가 나에게 유전된다는 건가?

제가 고등학생 때부터 인정할 수 없었던 것이 이 원죄에 관한 것이었고 '원죄의 문제점'을 설교의 제목으로 삼아 학생헌신예배 때 설교(?)를 한 적이 있었고 우리 교회(마산 재건교회: 제가 태어나 유아세례를 받았고 아버님이 장로로 어머니는 권사로 재직했던 교회) 최종규 목사님께서 40년 동안 의문을 품었던 문제를 오늘 해결했다고 하시며 고등학생인 제 머리를 쓰다듬어 주신 적이 있었습니다.

그 핵심은 다음과 같습니다.

하나님의 영을 모실 수 있는 자리를 가진 최초의 인간 아담에게 "에덴의 모든 실과를 따먹되 선악과를 따먹는 날에는 정녕 죽으리라."라고 하셨습니다.

신학자들은 선악과를 따먹음으로 아담을 통해 죄가 들어왔다고 하는데 예수님의 제자 바울께서 쓰신 로마서에 '첫째 사람 아담으로 말미암아 죄가 들어오고'라는 구절에 근거한 것으로 알고 있습니다.

선악과를 먹고픈 유혹을 받은 것은 선악과를 따먹기 전이지 후가 아니라는 것입니다. 먹고 죽는 한이 있더라도 따 먹어 봐야겠다고 결심을 했거나, 먹으면 정녕 죽는다는 하나님의 말씀을 믿지 못했거나 하는 상태는 선악과를 따 먹어서 생긴 것이 아니고 따먹기 전이라는 것입니다.

제가 소중히 모시는 성경 구절
"모든 만물을 짓기 전 예수 안에서 우리를 택하사 예수로 말미암아 하나님의 아들들이 되게 하셨으니"

<사도 바울께서 쓰신 서신 에베소서에서>

약 6천 년 전에 비로소 하나님의 영이 거할 수 있는 처소를 가진 인간이 처음으로 탄생했던 것이고, 그는 그의 영안에 하나님의 영을 예수로 말미암아 모시게 됨으로써 하나님의 아들이 될 운명을 갖고 태어난 것입니다. 따라서 하나님의 아들이 되고픈 갈망을 품게 되고 그 갈망을 채우는 길은 자신 속에 하나님의 영을 모시는 것입니다.

하지만 위에 인용한 말씀과 같이 보이지 않는 사랑이신 하나님의 보이는 하나님이신 하나님의 아들, 말씀, 진리, 표현체이신, 그가 하는 모든 것은 그의 안에 계시는 하나님께서 하시는 것인, 예수의 죽음을 통한 창조주의 피조물을 향한 사랑의 고백을 통하지 않고는 인간이 자신 속에 하나님의 영을 모시고 싶어 할 수 없는 것입니다.

에덴의 어떤 과일의 맛도, 지상의 공간이 자아낼 수 있는 어떤 아름다움도 하나님의 아들이 되고픈 허기를 채울 수 없는 것입니다.
아담의 허기를 채울 수 있는 것은 하나님이신 사랑의 영인 것입니다.
아담의 허기는, 물론 아담 자신도 그것이 무엇인지 몰랐지만, 예수의 생명을 원했던 것입니다.

예수의 생명 바침이 없이는 하나님의 피조물을 향한 생명 바침이 없고 피조물을 향한 생명 바침이 없이는 창조주와 피조물이 하나 되는 길은 없는 것입니다. 사랑으로 하나 되지 않는 것은 참된 하나 됨이 아니며 사랑으로 하나 되는 길은 하나가 되고픈 대상을 위해 자신의 생명을 바치는 것입니다.

피조물을 위해 생명을 바치기 전에는 결코 피조물과 하나 되는 것을 창조주는 스스로에게 용납하지 못합니다.
하나님의 영을 모실 수 있는 존재가 하나님의 영을 모시고 있지 않는 상태가 죄의 상태로 규정됩니다.
따라서 아담 이전의 인간에게나 다른 피조물에게는 죄가 적용될 수 없습니다. 그들에게는 하나님의 영이 거할 수 있는 처소가 없기 때문입니다.

아담을 통해 죄가 들어온 것은 사실이지만 아담이 선악과를 따먹어서 들어온 것이 아닙니다.
그가 최초로 사랑이신 하나님의 영이 거할 처소를 가졌기 때문인 것입니다. 둘째 아담 예수를 통해 죄가 해결될 수 있음을 성경은 기록하고 있습니다.

모든 만물을 짓기 전에 창조주는 자신의 인식체인 아들 예수의 죽음을 통해 창조를 완성하려고 했던 것이며 예수께서 십자가에서 운명하시며 이제 다 이루었다고 선포하신 것입니다.

전능하신 하나님은 왜 처음부터
아담을 죄 없는 완전한 인간으로 창조하지 못했을까?
그렇다면 과연 하나님은 전능한가?

전능하신 하나님은 왜 처음부터 아담을 죄 없는 완전한 인간으로 창조하지 못했을까? 그렇다면 과연 하나님은 전능한가?

성경의 여러 곳에 하나님은 전능자라고 기술하고 있습니다. 하나님은 모든 만물을 있게 할 만큼 능력이 있는 것은 사실이지만 아들의 생명을 바치지 않고는 인간을 하나님의 아들로 만들 수는 없습니다. 우리들이 하나님을 사랑하도록 강제할 수도 없습니다. 사랑이신 하나님은 사랑에 관한 한 능력으로 할 수 없습니다.

우리의 죄를 마음대로 용서할 수도 없습니다. 자비를 베풀어 죄 있는 자를 죄가 없는 것으로 할 수도 없습니다. 그렇게 할 수 있다면 왜 아들을 지고의 고통으로 십자가에 못 박아 제물로 바치겠습니까. 하나님이 우리가 하나님을 사랑하도록 조종할 수 있다면 사랑한다는 것이 무슨 의미가 있겠습니까?

하나님의 능력으로 해서는 안 되는 것을 하나님이 하신다면 하나님은 사랑이신 자신의 본질을 벗어나게 되는 것입니다.

능력은 그 능력을 필요로 하는 자의 도구일 뿐입니다. 도구는 그 도구를 부리는 주인이 그 도구가 필요한 모든 경우에 제대로 쓰일 수 있으면 되는 것입니다.

그러나 그 도구는 쓰이는 목적을 거스르면 아니 되는 것입니다.
인간을 처음부터 죄가 없이 창조할 수는 없는 것입니다. 죄가 없는 상태는 시간을 넘어서 존재할 수 있는 상태이며 시간을 넘어 영원히 존재할 가치를 가진 내용을 품는 상태여야하기 때문입니다.

이웃을 자신 보다 사랑할 수 있는 자는 영원히 존재할 수만 있다면 그렇게 되어야하는 것입니다. 죄가 없어진 상태는 이웃을 자신보다 사랑하는 상태이며 그런 상태가 되기 위해 자신의 생명을 사랑의 고백의 제물로 바친 예수의 영을 품은 상태가 되어야 하는 것이고 예수의 영안에 계신 창조주이신 사랑의 영이 존재 속에 자리 잡아야 하는 것입니다.

이웃을 자신보다 사랑하지 못하는 상태는 자신의 존재를 결국 무의미하게 만드는 것입니다. 이웃이 있어도 자신의 목적적 존재로 있는 것이 아니라 수단적 존재로 있는 것입니다.
내가 존재함이 나의 목적이 된다면 이 얼마나 허무한 것입니까?
사랑이신 하나님이 내가 이웃을 자신보다 사랑할 수 있도록 자신의 생명을 바친 것을 생각하면, 나에게 아무리 잘못한 원수라도 사랑할 수 있는 상태가 될 수 있는 나를 이룰 수 있는 삶이라면.
이 삶이 아무리 힘들더라도 내 생명의 원천이시고 주인이신 하나님이 부를 때까지 이 삶을 거룩한 사랑의 제물로 바쳐야 하지 않을까요?

07

이웃을 자신보다 사랑하는 사람들의 유기체인 천국

이웃을 자신보다 사랑하는 사람들의 유기체인 천국

예수님의 제자들이 천국이 어디 있는지 물었을 때 너희 가운데(In the midst of you)라고 했습니다. 천국이 있다면 우리 마음속에 있다. '마음속'이라는 말은 마음이 무언가를 담을 수 있는 공간으로 규정될 수 있음을 나타냅니다. 마음이 없는 육체는 사물에 불과합니다.

마음이 있는 육체는 산 육체입니다. 산 육체 속에 있지 않은 마음은 자연계에서 활동할 수가 없습니다. 우리의 마음이 자연계에서 활동할 필요가 있기 때문에 우리를 몸을 입고 이 땅에 태어나게 하는 것입니다.

자연계의 몸은 그 몸의 주인인 영의 명령을 이 땅에서 수행하는 도구라고 할 수 있습니다. 몸 스스로 생각할 수 없습니다.

영이 없는 몸은 죽은 몸으로 하나의 사물이고 몸이 없는 영은 이 땅의 삶을 통해 경작해야 할 것을 못하는 것입니다.

신적사랑(Divine Love)을 생명의 원천으로 삼고 그 사랑을 '이웃을 내 몸과 같이 사랑하라'는 주님의 계명을 받들어 그 계명을 이웃이라는 농장에 심어 그 사랑의 계명 속에 숨겨진 꽃을 피우고 열매 맺는 삶을 이 땅에서 내 몸을 통해 이루어 가야 하는 것입니다.

주님이 유언으로 남기신 사랑의 계명은 실천을 통하지 않고는 내용을 내 속에 담을 수가 없는 것입니다. 왜 그 계명이 주어졌는지를 알 수 없는 것입니다. 그 계명은 지키고 싶어서 지키는 것이 아닙니다. 주님이 생명을 제물로 바치면서 유언으로 남기신 것이고 나를 사람 만들기 위해 생명을 제물로 바친 창조주의 죽음을 헛되지 않게 하기 위해 싫어도 지켜야 하는 것입니다. 이렇게 할 때 창조주와 주님과 내가 사랑으로 하나 되어 창조주이신 사랑의 영이 내 속에 자리 잡게 되어 이웃을 자신 보다 사랑하는 하나의 천국이 되는 길이 열리는 것입니다.

내가 위해서 내 생명을 바칠 수 있는 이웃으로 둘러싸여 있을 때 나는 천국 속에 있는 것입니다.

천국은 나를 위해 생명 바칠 수 있는 이웃 속에 내가 있을 때가 아니고, 내가 위해서 생명 바칠 수 있는 이웃 속에 있을 때입니다.
그것이 과연 가능할까요? 주님의 계명을 나를 향한 주님의 사랑 때문에 지키려 하기 전엔 모를 것입니다.
사랑이신 창조주 하나님이 모든 만물을 생기게 한 것은 사랑의 영을 품은 하나님의 아들의 유기체인 천국을 이루는 것입니다.
성경에 '모든 피조물이 고대하는 것은 하나님의 아들들이 나타나는 것' 이라고 기록하고 있습니다.
천국은 천국을 들어가고 싶어 하는 자가 들어가는 것이 아닙니다.
이웃의 천국이 되고자 하는 자가 천국을 이루는 것입니다.
천국이 천국인 것은 그 천국을 이루고 있는 사람 때문인 것입니다.
천국의 모든 아름다움은 그 천국을 이루고 있는 마음이 빚은 것입니다.

마음의 공간인 천국은 마음을 형성하는 물질로 되어 있습니다.

천국의 꽃, 나무, 정원, 집, 모두, 천국을 이룬 사람들의 마음으로부터 빚어진 것입니다.

천국 공간의 거리 또한 사랑하는 정도에 따라 정해지고 마음으로 가까운 사람은 그것 때문에 가까이 있는 것입니다. 마음의 상태가 비슷하면 그 이유로 가까이 있는 것입니다.

반대로 지옥은 미워할수록 가까이 있는 마음의 공간이라고 할 수 있습니다. 증오에 불타는 사람끼리 가까이 있는 공간인 것입니다.

08

복 받는 길, 부자 되는 길, 높아지는 길.

사람은 누구나 복을 받고 싶어 하고, 부자가 되고 싶어 하고, 지위가
높아지고 싶어 하고,
특히 기독교인은 구원받고 싶어 합니다.
내가 복 받는 것이 나의 이웃을 위해 좋은 복, 내가 부자 되는 것이 나
의 이웃에게 좋은 것이 되는 것, 내가 높아지는 것이 나의 이웃에게
좋은 것이 되면 그것은 좋은 복, 좋은 부자, 좋은 높아짐입니다. 그 반
대이면 안 좋은 것입니다.

무슨 복을 받고 싶어 하느냐가 그 사람을 규정할 수 있습니다.
같은 조건 속에서 부자가 되려면 성실해야 합니다. 자기가 맡은 일에
책임을 다하고 보니까 그 결과로 부자가 되는 것은 아름다운 것이고 그
부를 목적으로 한 것이 아니기 때문에 주어진 부를 이웃과 더불어 공유
할 수 있을 것이고 그로 말미암아 이웃이 좋아질 수 있을 것입니다.
자신의 지위도 마찬가지입니다.
복, 부, 지위의 높음이 목적이 되는 것 자체가 이미 자신의 파멸인 것
입니다.

이웃에게 아름다운 음악으로 그 영혼들을 물들이고 싶은 복, 아름다

운 시로 영혼의 밭을 기름지게 하고픈 복, 멋진 경기로 관중들에게 즐거운 하루를 만들어 주기 위해 최선을 다하는 선수의 복, 청중을 음악 속에 자신의 온 영혼을 쏟아 부어 청중을 감동으로 전율하게 하는 복, 자신이 만날 수 있는 이웃들에게 자신이 심을 수 있는 사랑의 씨를 최선을 다해 심는 이들의 아름다움은 정말 복된 것입니다.

그러나 경쟁적 가치관에 자신의 영혼을 파는 것은 파멸입니다.
사랑이신 창조주에 의해 우리는 생겼고 창조주의 목적을 위해 있을 때 우리는 가장 인간답게 존재하는 것입니다.
가장 인간적인 삶은 사랑의 도구로 내가 존재하는 것입니다.
하나님의 아들이신 예수께 가장 영광된 사건은 사랑을 위해 자신의 생명을 제물로 바친 것입니다.

우리들에게도 마찬가지입니다. 사랑의 재물로 나의 삶이 바쳐질 때 나는 가장 큰 복을 받는 것이고 영광 받는 것입니다.
자신이 이웃을 위한 거름으로 남김없이 발효되어 이웃 속에 남김없이 용해되어 없어지는 그런 내가 될 수 있을까요?
이 땅의 삶이 끝난 후 혹시 그 곳에서라도 이루어 질수 있을는지. 먼 하늘을 바라봅니다.

09

이 땅에 살다가 죽으면 그만이지 내세는 무슨 내세

전 사실 이 땅의 삶은 영원한 삶을 위한 과정적인 삶이라는 것을 의심해본 적이 없습니다.

기독교인은 천국이 영원히 살 본향이라고 대부분 생각합니다.

이 땅에서의 삶(자연계에서의 삶)과 사후의 이 몸을 벗어난 삶(영계에서의 삶)을 모두 믿는 사람과 이 땅의 삶만을 믿는 사람으로 구분할 수 있습니다.

사후의 삶을 믿는 사람은 이 땅의 삶을 영원한 삶의 준비과정으로 받아들이는 사람과 사후의 삶은 죽은 후에 그때 가서 생각하고 이 땅의 삶에 모든 초점을 쏟아 사는 사람이 있습니다.

종교를 가진 대부분의 사람들은 이 땅의 삶을 위한 수단으로 종교를 가집니다.

창조주의 존재도 믿지 않고 창조주와는 독립적으로 자신이 존재하는 것으로 알고 사는 무신론자들은 자기 나름의 올바른 기준 속에 꿋꿋이 살아갑니다. 천국을 가든 지옥을 가든 다 자기 책임이니까 그 누구도 탓하지 않습니다. 내세가 있건 없건 자기 할 것만 하면 된다고 생각할 수 있습니다. 옳고 그름의 절대적 기준이 없습니다. 그들은 신의 보살핌 속에서 살아가려고 하는 종교인들을 나약하고 비겁하게 볼 수도 있습니다.

그러나 몸의 어느 한 세포도 우리의 의지로 만들 수 없습니다. 우리가 먹는 음식의 어떤 양분도 만들 수 없습니다. 농부는 씨 뿌리고 거름을 주고 거두지만 씨가 생기게 하고 싹트게 하고 자라게 하고 열매 맺게 하는 것은 우리의 의지를 넘어서 있습니다. 누구의 의지로 이 모든 것이 이루어지는지 짚어보고 고개 숙여야 할 것입니다.

어느 피조물이 고개를 뻣뻣이 들고 이 의지를 쏟아내는 자에게 큰소리치며 '당신과 상관없이 살아가겠소,'라고 하겠습니까?
'창조주는 전능하기 때문에 하나도 힘 안 들이고 할 수 있으니까 고마워할 필요는 없는 거야.'라고 할 수 있겠습니까?
그러나 그 능력은 사랑에서 나온다는 것을 명심해야 합니다. 얼마나 그 사랑이 깊으면 만물을 생성할 능력을 갖겠습니까? 그 능력을 부리는 주인인 사랑에서 온 것임을 명심하고 하나님 앞에 고개 숙여야 합니다.

당신의 생명은 당신의 생명을 생성시킬 능력을 부여받을 만한 깊은 사랑에 의해 탄생된 것임을 결코 나와 당신은 잊어서는 아니 됩니다.

창조주가 먼저요 피조물이 먼저요?

창조주가 없다고 생각하는 자야 이 질문이 아무 의미가 없겠지만 그렇지 않는 한 답은 뻔합니다. 신묘한 당신의 몸을 공부한다면 당신 몸이 저절로 생성된 것이라고 도무지 생각할 수 없을 것입니다.
'창조주의 뜻을 이루기 위해 피조물이 있는 것이지 피조물의 뜻을 위해 창조주가 있는 것이 아니다.'라는 참 명제를 가슴에 새겨 두어야 합니다.

또한 사랑이신 창조주는 당신을 사랑의 자녀로 탄생시키기 위해 인간의 몸으로 와 십자가에 아들들이 될 인간을 향한 사랑 고백의 제물로 그 생명을 바쳤음을 잊어서는 아니 되며, 더구나 그 사랑의 고백을 모든 만물을 짓기 전에 준비했음을 결코 잊어서는 안 되는 것입니다.
사랑이신 창조주의 뜻을 위해 살 때 가장 인간적인 삶을 사는 것입니다.

하나님의 뜻은 그 계명에 모셔져 있습니다.
하나님의 뜻은
이웃을 자신보다 사랑하는 하나님의 영을 모신 하나님의 아들들이 하나님이 그들에게 심어둔 각기 다른 사랑의 씨앗을 꽃피워 하나님이 온전히 발현된 사랑의 유기체인 천국을 이루는 것.

이 뜻을 위해 살 때 가장 나다운 삶을 사는 것입니다. 그리하여 진짜 사람의 삶을 살게 되어 내가 존재하는 이유를 충만히 내 속에 품게 될 것입니다.

이 땅의 삶은 이를 준비하는데 절대는 아니지만 (어릴 때 죽은 아이들도 천국에서 양육 받아 천국을 이룸, 하지만 이룬 천국은 이 땅의 삶을 그치지 않은 만큼 단순할 수 있음)너무나 필요한 과정인 것입니다. 영혼이 결합하여 영이 태어나는 길은 없음, 반드시 이 땅의 몸을 입어야 영혼이 심어질 수 있습니다. 이 땅은 하나님의 자녀의 씨가 심어지는 공간으로 그 의미가 아주 큽니다. 그래서 남녀는 결혼하여 하나님의 자녀가 될 씨앗인 아기를 낳아야 하며 기독교인은 아이를 많이 낳는 것이 큰 축복입니다. 그 아이를 하나님의 좋은 자녀로 길러야 할 사명을 받는 것이며 그것 자체가 부모에게 큰 축복입니다.
한 아이가 태어나는 것은 장차 한 천국이 탄생하는 것일 수 있습니다.

11

내 죄를 짊어지고 십자가에 못 박혀 사형당한 하나님의 아들을
믿기만 하면 내 죄가 없어진다고 알고 있는 기독교인의 뻔뻔함?

하나님의 생명의 피를 팔아 자신의 호주머니를 채우려는 기독교인의
파렴치가 기독교를 파멸로 몰아갑니다.
내 죄를 다른 사람에게 전가시킬 수만 있으면 그렇게 하는 기독교인
의 파렴치함.
나를 생기게 한 자가 내 대신 죄를 짊어지고 가면 내 죄가 없어지는
그런 것이 하나님의 아들 예수께서 짊어지고 가신 죄입니까?
내 죄의 대가는 내가 지불해야 하는 것 아닙니까?
죄에서 벗어나는 것은 없어질 수밖에 없는 내가 영원히 존재할 수 있
는 존재로의 비상인 것입니다.
나의 창조주는 모든 만물을 짓기 전에 자신의 생명을 바쳐야만 참된
하나가 되는 길, 즉 사랑으로 인간과 하나 되는 길을 만들 수가 있습
니다.

생명의 근원이신 사랑이신 하나님은 존재로 표현되기 이전의 사랑
이셨고 존재로 표현된 하나님의 아들 예수(그분의 행위가 바로 하나
님의 행위이신 보일 수 없는 하나님의 보이는 하나님)를 통해 생명을
바쳐 인간과 사랑으로 하나 되는 길을 이룰 수 있음을 성경을 통해 기
록하고 있습니다.

자신의 죽음을 통하지 않고는 자신의 인간에 대한 사랑을 고백하는 길은 없었습니다. 인간 속에 하나님의 영을 심어 그 토양 속에 사랑이신 하나님의 꽃을 피우고자 이 역사를 시작하셨던 것입니다.

생명 바쳐 나를 향한 사랑의 고백을 한 나의 창조주의 고백을 어떻게 받아들여야 합니까?
죄의 쓰레기를 싣고 가는 차에 나의 죄를 휙 던질 것입니까?
내 죄를 대신 짊어지고 생명 바치시는 분에게 "주님 정말 고맙습니다."라고 할까요?
누군가 나를 위해 생명을 바쳤을 때 우린 뭘 할 수 있을까요?
나를 생기게 했고 나의 일생에 필요한 모든 것을 노력만 하면 얻을 수 있도록 하루하루를 가지게 하는 하나님에게 나의 수호신이 되어 달라고 할 수 있을까요?
하나님이 나의 수호신이 되기 위해 이 역사를 시작하신 건가요?
하나님은 내가 있기 전에 계셨고 하나님의 뜻을 위해 내가 있는 것이지 하나님이 나를 위해 있는 것이 아닙니다.
나의 수호신으로 하나님을 모시는 것은 하나님을 나를 위한 수단으로 삼는 소위 하나님의 이름을 망령 되게 하는 것으로 십계명의 제3계명을 어기는 것입니다.
하나님을 올바로 모시지 않고는 하나님을 모시고 사는 것이 무엇인지 알 수 없습니다.

그렇게 되면 왜 내가 존재하는지를 인식할 수 없는 것입니다.
영원히 존재할 내용을 품은 존재로의 비상, 즉 죄에서의 해방은 불가능한 것이고 설혹 해방되었다고 하더라도 의미 없는 해방인 것입니다.

나와 사랑으로 하나 되기 위해 생명 바친 창조주의
나를 향한 사랑의 고백에 어떻게 화답하시겠습니까?

앞에서도 언급했지만 주님께서 십자가에 달리기 직전 제자들에게 유언으로 남기신 계명이 있습니다.

첫째, 사랑이신 하나님을 생명의 근원으로 삼아 나의 온 가슴과 마음과 생명(with all our heart, mind and soul)을 다해 사랑하는 것.

둘째, 이웃을 내 자신으로 사랑하는 것(To love our neighbour as ourself)

날 위해 생명 바친 창조주의 사랑 고백에 화답하는 길은 그분이 주신 계명을 지킬 수 있는 상태가 되는 것입니다. 내가 아무리 싫어도 하나님께서 죽음을 앞두고 신신당부하신 이 계명을 그분의 나를 향한 사랑 때문에 지키려고 하는 것입니다.

내가 아무리 싫어도 그분의 계명을 지키려는 의지 속에 하나님을 향한 사랑이 담기고 하나님과 내가 참된 하나가 되어 그분의 영이 나에게 심어지고 그분의 아들로서 탄생되어 하나님의 아들의 삶을 살게 되는 것입니다. 말하자면 진짜 인간의 삶을 살기 시작하는 것입니다. 정말 귀찮아도 하나님의 생명을 헛되지 않게 하기 위해 계명을 지키려던 하나님의 아들로의 초기의 삶이 언젠가 계명을 지키는 것이 자연스러운 삶이 되는 성숙한 아들의 모습을 갖추게 되는 것입니다.

이 땅에 그 생명이 유한할 수밖에 없는 인간으로 태어나 하나님의 생명 바친 사랑의 고백을 접하게 되고 그 고백에 화답하는 삶을 살게 되면서 죽음이 넘볼 수 없는 시간을 넘어선 하나님의 아들로 하나님의 영광을 드러내는 영원한 천국이 되어 만물을 창조한 하나님의 뜻을 이루게 되는 것입니다.

13

십자가에 생명 바친 주님을 믿기만 하면 천국이 될 수 있나요?

앞에서 기독교인의 뻔뻔함에 대해 언급했지만 기독교인의 잘못 이전에 그렇게 생각하게 만든 목사님들의 책임이며 그 이전에는 잘못된 신학 체계의 책임이고 하나님의 전능성을 잘못 수용한 데서 연유하고, 최고의 능력을 최고의 것으로 삼는 사탄의 획책에 그 한 원인이 있고 사탄의 유혹의 달콤함에 빠지기 쉬운 능력에 굶주린 인간의 욕심에 기인하며 그것에 기인한 능력을 가진 자신의 실체가 얼마나 허무한 것인지를 인식하지 못한, 특히 신학의 천재들에 의해 성령의 인도함이 없이 성경을 먼저 접한 자들 때문이라고 할 수 있습니다.

연약한 인간이 기대고픈 대상으로 자신을 모든 위험으로부터 보살펴줄 수 있는 하나님을 택했고 그 하나님은 전능한 자여야 했기 때문인 것이고 그 전능자에게 보호받기 위해 자신의 수고로 쌓은 재물을 바치며 그 재물을 녹으로 삼는 직업적인 지도자가 사탄의 도움을 받아 주된 세력권을 형성하면서 기독교는 전능한 하나님을 믿기만 하면 죄의 사함을 받아 죽은 후 천국을 갈 수도 있고 이 땅의 삶을 살 때 보살핌을 받는, 그런 창조주의 뜻과는 다른 기독교인이 되면서 이 역사가 노아 시대처럼 하나님의 꿈이 좌절된 시대로 줄달음치게 된 것입니다.

당신의 죄를 십자가에 달리신 하나님의 아들의 어깨에 내려놓아 죄 사함을 받고 싶으십니까? 그리하여 예수님 덕분에 의인이 되고 싶은 겁니까? 당신은 사탄의 웃음거리 밖에 안 됩니다.

이 역사를 오염시키는 한 오염원이라는 것을 새기시고 회개하여 아무리 싫고 귀찮아도 하나님의 계명을 지키려고 노력하면서 하나님의 영으로 때를 씻어야 할 것입니다.

사실 하나님은 그 계명 속에 있습니다. 물론 예수님도. 왜냐하면 하나님은 하나님의 진리 안에 있기 때문입니다. 하나님을 만나있는 상태는 그 계명을 자신의 의지 속에 실은 상태입니다.

하나님을 만나고 싶으십니까?

하나님은 하나님의 진리 속에 있습니다. 당신은 어디 있습니까 당신의 진리 안에 있습니다.
어떤 존재의 진리(옳은 이치가 아니고 그 존재가 애정을 가진 것들이 애정을 불러일으킨 이유들, 사단의 진리라는 용어도 가능함) 속에 그 존재의 내용이 담겨 있습니다.

하나님의 진리 속에 하나님의 내용이 모셔져 있습니다. 그 진리를 옳다고 생각하는 것으로 하나님의 내용이 담기지는 않습니다. 그 진리를 옳다고 판단할 뿐 아니라, 그 진리가 사랑의 진리이기 때문에 실천할 의지 속에 담기지 않고는 그 진리가 진리 됨이 의미가 없는 것이기 때문에 진리의 내용인 사랑의 영이 담기지 못하여 하나님을 만나고 있는 상태가 될 수 없습니다. 그리고 그 사랑의 진리가 활성화되지 못한 상태이기 때문에 죽은 진리가 되고 언젠가는 잊힌 진리가 될 것입니다. 그리하여 진리를 옳다고 생각하던 것도 무의미하게 됩니다.

하나님을 만나있는 시간은 하나님이 주신 계명을 옳은 것으로 인식하고 그 계명을 실천할 자신의 의지 속에 싣고 있을 때이고 실천하는 그때에 하나님과 사랑을 나누는 시간이라 할 수 있습니다. 하나님의 계명을 옳은 것으로 시인하는 것은 주님의 나에 대한 사랑을 확신하는 상태에서 온다고 할 수 있습니다.

나와의 사랑을 이루기 위해 십자가에 제물로 바쳐진 주님의 사랑을 확신하고 그 사랑 때문에 주신 계명을 지킬 때 그 계명 속에 계시는 하나님을 만나게 되는 것입니다.

하나님은 예배와 찬양을 좋아하실까요?
어떤 예배와 찬양을 좋아하실까요?

하나님은 주님을 십자가에 제물로 바치지 않는 상태에서는 자신이
예배에 임할 수도 없고 우리가 예배를 바칠 수가 없습니다.

앞에서 말했듯이 하나님은 자신의 생명을 사랑의 고백으로 바치는
하나 됨이 없이는 예배에 임할 수 없고 인간은 하나님의 계명을 자신
의 의지 속에 싣지 않고는 하나님과 하나 될 수 없습니다.

예배는 하나님과 피조물이 하나 되는 의식이라 할 수 있습니다. 이 땅
의 삶에서만 의미를 가지는 복을 위해 예배의 자리에 앉아있는 자들
로부터는 모욕의 자리가 될 것입니다. 당신의 이 땅에서의 안녕을 위
해 자신의 생명을 바친 것이 아니기 때문입니다.

선악과를 따먹지 말라는 하나님의 명령을 현 인류의 조상 아담이 과
일을 따 먹는 죄를 저질러 그 죄가 인류 속에 심어지고 그 죄를 해결
하기 위해 하나님이 십자가에 제물로 바쳐진 것이 아니기 때문입니
다. 아담의 잘못을 왜 그 자손이 떠안아야 합니까?

그 잘못이 하나님 때문이라면 하나님이 그 죄의 벌을 떠안아야 할 것
이고 하나님과 상관없이 아담만의 잘못이라면 아담이 그 벌을 받아
야 하는 것이고 아담의 아들에게 그 죄를 물려주면 안 되는 것이지요.

결국 하나님의 아들이 그 죄를 짊어지고 십자가에 박힌 것을 보면 그

죄의 원인은 하나님께 있어야 하는 것입니다.

그러면 하나님께 죄가 있을 수 있습니까? 하나님의 표현체인 예수님에게도 물론 죄가 있을 수 없습니다.

하나님의 영이 거할 수 있는 정신체를 육체 속에 형성시켜 하나님의 영이 거할 수 있는 처소를 가진 최초의 인간 아담, 자신의 생명을 바치기만 하면 자신의 영이 그 속에 심어질 수 있는 최초의 인간 아담을 이룬 하나님은 아담이 먹지 말라는 선악과를 따먹게 되자 자신의 죽음을 준비했던 하나님.

아담은 몰랐지만 지상의 어떤 아름다움도 지상의 과일이 주는 어떤 맛도 하나님의 영을 자신 속에 모셔 하나님의 아들이 되어야 할 운명 속에, 그 운명이 결국 하나님의 생명을 요구하고 있다는 사실을 모른 채 선악과를 따먹고 지상의 낙원을 뒤로 한 채 하나님의 아들이 될 운명을 하나님의 어깨에 짐으로 남긴 채, 떠난 것입니다.

창조주의 짐, 자신의 아들이 될 인간을 이웃을 자신보다 사랑할 수 있는 피조물로 이루기 위해 자신의 생명을 바쳐야 하는 운명 속에, 생명을 바침이 없는 가인의 제물을 받을 수가 없었습니다. 자신이 가장 아끼는 양을 잡아 제물로 바친 아벨의 제사만을 받았습니다. 자신의 사랑을 하나님께 고백한 아벨과는 달리 자신의 복을 위해, 바쳐도 다시 그대로 있는 희생이 없는, 하나님께 이 땅의 복 만을 추구한 가인의 제사는 받을 수가 없었던 것입니다. 그리하여 동생 아벨의 생명을 자신이 누릴 이 땅의 복과 바꾸었던, 그리하여 동생을 죽임으로써 하나님께 항거했던 가인. 그러나 하나님이 그리도 사랑하던 아담이 아내 이브와 사랑을 통해 보낸 첫 아들 가인에게 그 누구도 함부로 죽이지 못하도록 했던 하나님. 그러나 그 후 노아의 홍수에 의해 하나의 씨도 남기지 않은 채 쓸어버릴 수밖에 없었던 육체로 타락한 가인의 자손.
아벨을 대신할 셋을 아담을 통해 낳아 하나님의 창조의 뜻을 받들게
했던 것입니다. 성경에 의하면 현재의 인류는 셋의 자손만으로 이뤄
진 것으로 되어 있습니다.

당신이 이 땅의 복을 위해 예배에 참석했다면 가인의 제사가 될 수 있
습니다.
하나님의 생명이 나의 의지 속에 심어져 사랑이신 하나님의 생명과
나의 생명이 하나 되는 예식에 임하는 기독교인이 되길.

하나님은 자신을 의지하고픈 자녀의 찬양을 받고 싶어 하기보다는
하나님이 우릴 위해 생명을 바쳤음을, 그리하여 자신도 하나님의 생
명 바침에 하나가 되고픈 이의 찬양 속에서 하나 되는 찬양을 받고 싶
어 할 것입니다. 하나님께 찬양하면서 하나님이 시키는 일을 하지 않
아 낯 뜨겁기도 했습니다. 이 글을 내 이웃에게 바침으로써 하나님을
향한 찬양을 진정으로 할 수 있게 되길 기대하면서.

하나님을 믿는다는 것이 도대체 뭘 믿는다는 거죠?

'믿는다.'의 내용이 뭐죠? 왜 믿죠?

왜 구원받으려는 거죠? 구원받은 상태가 어떤 거죠?

천국은 왜 가려는 거죠? 복 받고 싶습니까?

도대체 무슨 복을 받으려고 교회 가는 겁니까?

제가 일반교회에 발을 끊고 가족과 가정 예배를 모신지 10년이 넘었습니다. 친구가 목회를 하는 교회를 다니다 공중기도에 내 사업을 위한 기도를 주님께 아뢴 적이 있었습니다. 그러지 말라고 부탁했는데 한 번 더 그런 일이 있었습니다. 내가 하나님의 자녀가 되게 하기 위해 생명까지 바친 주님께 나의 사업을 위해 기도하는 것은 너무 뻔뻔한 것이라 더 이상 친구 교회를 갈 수 없었습니다.

내가 존경하던 한두찬 동장님(이북에서 대학까지 공부하고 피난 와 공무원 월급 받으면 동네 어려운 사람 쌀부터 사다 주고 하시며 교회를 섬기던 장로님)이 계신 가포교회를 나가게 되었는데 어느 주일날 목사님께서 "우리 교회 거부 나게 하소서"라는 기도를 듣는 순간 하나님의 생명을 제물로 바친 제단을 조롱하는 목사를 참을 수 없어 집에서 예배를 모시기로 하고 지금까지 제가 아이를 가르치는 학원에서 가족과 함께 예배를 10년 넘게 드리고 있습니다.

신앙을 생명 보다 소중히 여기던, 그리하여 신사참배를 거부하고 투

옥되어 심한 옥고를 겪고 해방되어 출옥하여 세운 재건 교회의 신앙의 선배들의 가르침 속에 자란 우리들은 주님이 흘린 그 귀한 피를 이 땅의 복을 위해 파는 것은 마치 가룟 유다가 주님을 파는 것 같은 생각이 드는 것입니다.

물론 인간이 약하고 이 세상살이가 너무 힘드니까 주님께 의지하고 부탁하고픈 생각이 들겠지만 그런 것은 나를 나보다 더 사랑하시는 주님이 알아서 하실 일이고 날 위해 생명 바친, 매일 일용할 양식을 노력만 하면 챙겨 먹을 수 있도록 하시는 하나님께 날 위해 생명 바친 주님의 이름으로 아뢰는 것은 도리가 아닌 것입니다.

혹시 하나님을 믿는 것이 이 땅에 사는 동안 복 받기 위해서이거나 천국 가기 위해서인 것으로 교인들이 잘못 알면 어떡하려고 그런 기도를 공중 앞에서 하시는지. 당신의 이 땅의 안위를 위해, 당신의 부를 위해, 당신의 명예를 위해, 심지어 당신의 건강을 위해, 그러고 싶은 마음이 드는 것은 모르지만, 십자가에 제물로 바쳐진 주님을 앞에 두고 구하면 주님을 자신의 복을 위해 파는 잘못 가룟 유다가 될 수 있는 것입니다.

물론 성경에 "내 말이 너희 안에 거하고 너희가 내 안에 거하면 무엇이든지 구하라 그러면 이루리라"라고 했지만 날 하나님의 자녀로 이루시기 위해 자신의 생명을 제물로 바친 주님이 내 안에 거하면 그런 기도를 올릴 수가 없습니다. 그런 기도를 올릴 수 있는 것은 그분 속에 주님이 거하지 않기 때문이라고 할 수 있습니다. 허나 자신이 아닌 친구나 이웃을 위해 구하는 것은 사랑의 표현이기 때문에 그 기도가 주님의 능력이 되어 주님의 힘이 뻗힐 수가 있습니다. 물론 그 기도가 친구를, 이웃을 위한 진실한 기도가 되어야 하고 자신의 잘 됨과는 관계가 없는 것이어야 합니다. 기도는 사랑입니다. 사랑의 방향은 자신에게 향해서는 안됩니다. 사랑이 없는 기도는 주님께 드리는 기도가 될 수 없습니다. 주님의 귀에 들리지 않습니다. 자신을 향하지 않고 오직 위해서 기도를 올리는 대상을 위한 진실한 기도는 반드시 주님께 들립니다.

당신의 복을 위해 기도할 수 있습니다. 그 복이 이웃을 자신 보다 사랑할 수 있기를 소원하는 복, 어떻게 하면 가장 좋은 이웃이 될 수 있는지를 물어보는 기도, 주님이 십자가에 제물로 바쳐진 목적에 맞는 기도를 올려야 하는 것입니다.

17

창조주가 가장 걱정하는 인간의 모습은?

인간은 이기적인 인간으로 태어납니다. 자기 것을 스스로 챙기지 않으면 생존할 수가 없기 때문입니다. 독립할 때까지는 부모의 보살핌을 받습니다. 그러나 때가 되면 자신의 노력이 자신 만을 위해 쓰이는 것에 무의미를 느낍니다. 원래 인간은 각자의 이웃을 위한 좋은 도구가 될 때 참 행복을 느끼도록 창조주가 지었기 때문입니다. 자기만 잘되면 행복을 느끼고 계속 그것을 바라는 사람은 저주받은 사람이라고 할 수 있습니다. 이웃의 불행이 자신에게 전혀 아픔으로 느껴지지 않는 사람은 불쌍한 사람입니다.

이웃이 나보다 잘 될 때 그 이웃의 마음에 번진 기쁨이 내 가슴에도 채워질 수 있다면 난 정말 행복한 삶을 살 수 있을 것입니다. 이웃의 행복이 나의 행복이 되고 많은 이웃이 잘 되면 나의 가슴이 많은 행복들로 가득 찰 것이기 때문입니다. 그리하여 이웃을 행복하게 만들기 위해 내가 행복해야 된다고 생각할 수 있다면 그것이 천국이 아니겠습니까?

내가 잘 될 때 같이 행복할 수 있는 이웃이 없다면 내가 진정 행복할 수 있겠습니까? 그리고 나의 잘 됨이 무슨 의미가 있겠습니까? 나의 잘 됨 보다 중요한 것은 나로 인해 이웃이 행복해하는 것입니다.

내가 행복함으로써 이웃이 행복할 수 있는 행복은 좋은 행복입니다. 이웃이 잘못 됨이 나에게 행복을 가져다준다면 그것은 잘못된 행복입니다. 전자는 천국에서의 행복이고 후자는 지옥의 행복입니다. 천국에서는 이웃이 행복해야만 내가 행복해지는 공간이고 지옥은 이웃이 불행해야만 내가 행복해지는 공간입니다. 그리하여 천국은 모든 이가 행복하길 모두가 바라는 공간이고 지옥은 자기만 행복해 지길 바라는 공간으로 오직 한 사람만 행복할 수 있는 공간입니다. 이기적인 인간의 모습은 창조주가 가장 걱정하는 인간의 모습입니다. 이기적인 인간 앞에 아름다운 자연을 펼쳐 놓기가 민망할 것입니다. 그러나 그렇게 걱정되는 이기적인 인간이 언젠간 좋은 이웃이 되길 소원하는 창조주의 기다림을 아름다운 자연이 품으며 창조주를 위로할 것입니다.

성경에 "모든 피조물이 말할 수 없이 기대하는 것은 사랑의 아들들이 나타나는 것"이라고 기록하고 있습니다. 모든 피조물은 이기적인 인간을 그 사람의 삶이 이 땅에서 거두어질 때까지 포기하지 않고 하나님의 아들로 변화될 때를 기다릴 것입니다.

나의 조국 대한민국은 창조주의 뜻에 부합하는 국가인가?
이기적인 인간을 조장하고 있지는 않은가.
국가로서의 존립 가치를 지니고 있는가? 지구촌 전체는 어떤가?

대한민국 국민은 다른 나라에 비해 아주 이기적으로 생각됩니다. 그 첫째 근거로 세계에서 가장 낮은 출산율을 들 수 있습니다.
그 원인을 생각해 봅시다.

1) 제사문화

자신을 키워준 부모님을 이 세상을 떠난 후에도 그 은혜를 기리는 것은 효의 차원에서 좋은 것이지만 자신이 죽어 이 땅을 떠난 후에도 자식으로부터 제사로 섬김을 받을 수 있다는 생각은 죽은 후에도 자식과 연결고리를 갖게 됩니다. "죽어 조상한테 뭐라 아뢰지?" 같은 조상과의 연결고리를 가지게 되어 다른 조상의 후손과 내 조상의 후손이 분리되는 그리하여 서로 경쟁하는 관계를 고착시키고 있습니다. 조상의 덕으로 자손의 삶이 잘 될 수 있다는 생각을 가질 수 있는 구조가 되는 것입니다.

기독교 문화권의 사람들은 하나님의 자녀를 그 자녀가 독립할 때까지 하나님으로부터 위탁받아 기르는 것으로 생각합니다. 만 18세가 되면 독립해서 나간다. 자신도 자식을 하나님으로부터 위탁받으면 그 자식이 18세가 될 때까지 당연히 맡아 기를 생각을 합니다.

자기가 한 것은 하나님이 자기를 통해 이 땅에 생명을 시작할 수 있도록 중간 역할을 한 것이고 다른 모든 부모도 그런 것이므로 하나님의 자식을 모든 부모들이 맡아 기르는 것입니다. 부모가 맡은 자식을 잘 못 기르면 국가에서 잘 기를 수 있는 부모에게로 위탁할 수 있는 것입니다.

대신 부모가 낳는 아이들이 하나님이 맡긴 하나님의 자녀로 키울 아이들이기 때문에 만일 부모가 아이를 기를 경제적인 능력이 안 되면 모든 것을 국가에서 부담합니다.

제가 미국에서 살 때 14명의 자녀를 낳아 기른 어머니를 만난 적이 있습니다. 아이들의 아버지는 4명인 것으로 기억됩니다. 미국에서는 아이만 낳으면 하나님의 아이를 맡아 기르므로 먹고 살아갈 수 있습니다. 경제적인 문제 때문에 아이를 못 낳게 되지는 않습니다. 다 한 아버지인 하나님의 아들들이기 때문에 내 아이가 다른 아이들보다 잘해야 한다는 경쟁이 없습니다. 물론 학교에서도 등수로 줄을 세우지 않습니다. 단지 각 개인의 성취도를 판단할 뿐입니다.

2)교육제도.
국가는 이기적인 국민을 배출하는 제도를 법제화해서는 안됩니다.
상대적인 뛰어남을 심지 말아야 합니다.
창조주는 모든 사람의 얼굴이 다르듯이 각 사람이 창조주의 뜻을 성취할 독립된 각 개인의 영역이 있는 것입니다. 각 개인은 창조주가 자신을 통해 피울 다른 사람과는 다른 꽃을 잘 피워야 하는 것입니다. 각자는 하나님이 자신에게 할당한 것을 잘 이루면 되는 것입니다. 자기 몫을 잘 해내면 전체가 잘 되는 것이고 이웃이 잘 되는 것입니다.

학교는 학업의 성취도에 따라 학생의 우열이 가려지는 곳입니다. 하지만 내가 어떤 분야에서 못할 때 다른 어떤 학생이 잘해 주길 바라는 마음을 심어줄 수 있는 곳이 되어야 합니다.

학교가 학생의 시간을 학생의 의지에 관계없이 점유하고 있습니다. 그것이 정당화되기 위해 학생의 시간이 학생이 불필요한 곳에 쓰이는 시간을 최소화해야 합니다. 그러기 위해 학생에게 필요한 것이 무엇인지를 판단할 수 있는 전문적인 체계가 수립되어야 합니다. 가능하면 일찍이 각각의 학생이 이 사회의 어떤 분야에 자리 잡는 것이 좋은지가 판단되어야 하고 그 분야에서 필요한 것만을 학생이 학습하여 학생의 시간을 최대한 효율적으로 사용할 수 있도록 해야 합니다. 학교에 맡겨진 시간이 학생의 삶을 가장 효율적으로 경영하도록 가능한 해야 합니다.

수학 능력이 뛰어난 학생이 그렇지 않은 내 자식과 함께 수업을 하지 않도록 해야 할 것입니다. 경쟁적 가치관에 의해 규정되는 공평함을 고집해서는 안 됩니다. 각 개인의 능력이 극대로 발현되어야 하는 관점에서의 공평함이 자리 잡혀야 합니다. 만일 내 자녀가 지능이 낮은데 지능이 높은 아이들과 함께 수업하여 내 자녀에 적합한 수업이 진행되지 않는다면 능력이 발현되는 정도에 의해 공평함이 규정되는 사회에서 불공평한 대우를 받게 되는 것입니다. 지능에 적합한 수업 내용이 학습될 수 있는 수업이 주어져야 공평한 것입니다.

보통의 아이가 아무리 열심히 해도 학업에서는 천재를 따라잡을 수 없습니다. 지능이 비정상적으로 높은 천재를 따라잡을 필요 또한 없습니다. 설정된 성취목표치가 이미 다른 것입니다.

얼굴이 모두 다르듯이 각자에게 할당된 내용이 다른 것입니다. 국가는 각자에게 할당된 몫을 각자가 가장 잘 수행할 수 있는 제도를 정착시켜야 하는 것입니다. 각자에게 할당된 몫이 무엇인지 전문적으로 찾아내고 그것을 잘 수행할 수 있도록 좋은 제도를 찾아내는 작업을 법을 만드는 분들이 해야 하는 것입니다.

우리 사회가 상대적인 뛰어남의 정도에 의해 행복의 정도가 되는 지옥적인 사회가 되지 않도록 제도화되어야 할 것입니다. 그 상대적인 뛰어남을 추구하는 것이 얼마나 창피한 것인가가 철저히 심어진 사회가 언젠가는, 그것이 100년 후라도, 될 수 있도록 해야 할 것입니다. 상대적, 경쟁적 가치관이 자녀를 기르는 모든 부모로부터 뿌리 뽑혀야 하는데 이것을 자발적인 노력에 호소하는 것은 불가능한 것입니다. 상대적인 우위를 점하고픈 의식을 조장하는 법을 모두 발기발기 뜯어고쳐야 합니다. 그러기 위해 법을 만드는 자의 의식이 올바로 되어 있어야 합니다. 선출직에 종사하는 자에게 가장 중요한 것은 다시 선출되는 것입니다. 지위의 우위를, 힘의 우위를 점하고픈 의식이 강한 자들이 정치에 입문하고픈 경향이 강하기 때문에 정치하는 이들에게 이것을 기대하기는 힘듭니다. 따라서 좋은 이웃이 되는 것이 삶의 목적으로 정착될 수 있는 사랑의 공동체의 시민운동이 눈사람처럼 커져 전체사회를 아우르게 되어 실제 이 사회에 가장 큰 영향력을 가지는 정치하는 분들이 계속 그 자리를 지키기 위해서 이 시민운동에 협조해야만 하는 사회가 되어야 하는 것입니다.

학교가 학생의 긴 학습시간을 통해 경쟁적 가치관이 심어지도록 해서는 안 됩니다. 그렇게 하는 것은 국가가 저지를 수 있는 큰 죄악입니다. 자신이 못할 때 다른 아이라도 잘 하기를 바라는 그런 인간을 학교는 빚어내야 합니다. 머리가 뛰어나기 때문에 못하는 영역이 얼마든지 있습니다. 물론 머리가 뛰어난 학생은 국가의 소중한 자원입니다. 그러나 그 자원은 모두가 공유하는 자원입니다. 천재가 태어나면 국가로선 환영할 만 일이지만 그 천재가 부러움의 대상이 되어서는 아니 될 것입니다. 그 천재성은 학생의 의지의 산물이 아닙니다. 창조주로부터 주어진 것입니다. 그 천재가 열심히 할 수 있는 여건을 마련하여 그로부터 끌어낼 수 있는 최대치를 확보해야 할 것입니다. 내가 낳은 아이가 재능이 없다면 다른 아이에게 그 재능이 있기를 바라는 그런 사회가 조성되어야 합니다. 그것은 그 부모가 어릴 때부터 받아온 학교교육과 가정교육에 속해온 사회의 환경에 의해 찍힌 사고 구조에 기인합니다.

어쨌든 이 사회가 경쟁적, 상대적 가치관에 의해 그 사회에 속한 인간이 살지 않도록 국가는 모든 것을 법제화해야 합니다. 이 사회는 선과 악이 공존할 수밖에 없지만 국가는 경쟁적 가치관에서 빚어지는 악이 서식하지 못하도록 그 체계가 법에 의해 갖춰져야 합니다.

궁극의 사회인 천국은 경쟁적 가치관이 무인 사회입니다. 물론 어떻게 하면 이웃에게 가장 효용이 있는 인간이 될 수 있을까를 경주하는 사랑의 경쟁이 있을 수 있지만 모든 구성원이 그 구성원이 속한 사회를 위해 존재할 때 한 개인의 행복이 가장 잘 발현되는 그런 사회가 되기를 꿈꾸어야 합니다. 그 꿈은 한 개인에 의해 그 환경이 조성되기가 너무 힘들고 오래 걸립니다. 국가가 그 판을 짜야 합니다.

3) 대학의 서열화 폐지

사립대는 어쩔 수 없지만 국·공립대는 폴리텍처럼 제1, 제2… 로 이름을 바꾸고 유럽처럼 국·공립대의 수업료를 폐지하거나 경제적인 문제로 학생의 자질이 폐기되지 않도록 낮아져야 합니다. 학생의 성취가 모든 국민의 세금으로 이뤄진 것을 온 사회가 인식하고 있어야 하고 국가의 가장 소중한 자질이 국민 모두를 위해 갈고 닦여야 한다는 인식이 팽배해야 합니다. 국가를 위해 열심히 매진하는 학생에게 열심히 하는 나의 자식처럼 형제처럼 생각할 수 있는 사회가 되는 방향으로 갈 수 있도록 국가는 그 밑판을 마련해야 합니다.

다른 이웃이 잘 살면 그것이 그들의 성실한 삶의 바람직한 대가로 인식하면서 나는 못 살아도 내 이웃이라도 잘 살아야지라는 생각을 할 수 있는 사회가 되기를 소망하는 국민이 되어야 합니다. 내가 잘 되는 것이 나의 이웃이 잘 되는 그런 잘 됨을 추구하며 사는 그런 사회가 돼야 합니다.

참된 가치는 상대성을 넘어선 영역에 있습니다. 경쟁의 산물 속에 참된 가치가 있을 수 없습니다. 참된 가치가 아닌 것은 인간을 진짜 행복하게는 할 수 없습니다. 진짜 행복은 상대적이 아니라 절대성을 가진 것입니다. 그 절대성을 가진 행복은 하나님을 행복하게 할 수 있는 것이고 그런 행복을 노래할 때 하나님도 같이 노래합니다. 말하자면 하나님과 하나 된 행복인 것입니다.

대학의 서열도, 직장의 서열도, 지위의 서열도, 부의 서열도, 사회 속의 각자가 자신을 가장 잘 발휘할 수 있는 곳에서 즐거움으로 자신에게 맡겨진 일을 너무 힘들지 않게 즐겁게 하고 있는 사회를 모두가 소망해야 합니다.

경쟁적 가치관에 의해 똥품 잡는 그런 사회에서 빚어지는 우울함이 없도록 국가는 최선의 노력을 해야 합니다.

19

결혼, 출산의 문제

우리가 이 땅에서 태어나는 큰 이유 중 하나는 결혼하여 아이를 낳아 기르기 위해서입니다.

아이의 삶을 시작하는 이는 창조주입니다. 부모는 그 아이를 낳는 기관이다. 하나님도 사람으로 태어날 때는 여인의 몸을 통해서입니다. 그 아이는 장차 하나님의 자녀로 성숙할 새싹인 것입니다. 부부는 하나님의 자녀의 씨밭이라고 할 수 있습니다.

창조주가 이 역사를 접으려고 하지 않는 한 인간은 결혼하여 아이를 낳아야 하는 것이 창조주로부터 부여받은 사명입니다.

편안함, 즐거움을 누리기 위해 이 삶이 주어진 것은 아닙니다. 이 삶을 위해 창조주는 그 사랑으로 인해 너무나 긴긴 세월을 준비했고 끝내는 아들의 죽음을 통해 인간을 향한 사랑의 고백을 했기 때문이고 측량할 수 없는 사랑의 수고로 인간이 자신이 준 삶을 자신이 거둘 때까지 이 땅에 살 수 있도록 매일 일용할 모든 것을 공급하기 때문입니다. 사랑에의 명령을 받들기 위한 희생의 도구로 쓰이기 위해서 이 땅의 삶을 사는 것입니다. 결혼을 하는 것은 서로를 사랑해야 하는 십자가를 지는 것입니다. 이웃을 내 자신으로 사랑해야 하는 하나님의 계명을 지켜야 하는 첫째 대상인 것입니다.

사랑하기 때문에 결혼한 것이지만 그 사랑은 몸의 희열이 매개된 그리하여 그 희열이 두 사람의 관계를 지속시키는 것이지만 두 사람을 하나로 만드는 불쏘시개에 불과한 것입니다. 서로가 서로를 위한 하나로서의 삶을 사는 과정에서 축적된 사랑은 그 불쏘시개의 사랑과는 다른 영적 사랑으로 성숙할 수 있는 것입니다. 몸의 희열이 양념에 불과하고 하나로 살아온 삶 속에 고여진 사랑은 그 양념의 상상을 넘어선 몸의 희열이 감히 넘볼 수 없는 영원할 수밖에 없는 사랑이 자리잡는 것입니다.

한 여인이 엄마가 되는 것만큼 아름다운 것이 있을까요?
아이들의 아버지 아내의 남편이 되어 한 가정을 이끌어 가는 아버지와 남편의 수고만큼 보람을 가질 수 있는 것이 있을까요?
더구나 그것이 정말 힘든 것이라면?
편안하고 쉬운 삶은 그 자체로 별로 의미가 없습니다.
사랑의 부름에 응하는 우리의 삶이 그냥 즐겁고 쉬운 것이기만 한다면 그 사랑을 우리 속에 심어 열매를 거둘 수 있을까요?
감당할 수 없는 너무 힘든 삶은 그 모진 고문에서 벗어나고픈 발버둥으로 버둥거리다가 삶이 피폐할 수 있습니다.

추구하는 가치가 창조주께서 심고 싶은 것이 아닐 때, 말하자면 경쟁적인 가치관 속에서 남보다 잘 되려고 발버둥 치는 데서 오는 모진 고문 같은 것, 고통에서 헤어 나올 수 있는 희망이 보이지 않을 수 있습니다. 경쟁적, 상대적 가치를 자신에게 심어둔 사람은 창조주가 심은 사랑의 씨가 메마른 토양 속에서 싹틀 수가 없기 때문입니다. 창조주는 감당할 수 없는 시련을 주지 않습니다. 그렇다고 사랑의 나무가 자라 열매를 맺지 못할 정도의 쉬운 삶도 주지 않습니다.

당신 속에 창조주의 씨를 품어 싹을 틔우고, 열매 맺는 성스럽기까지 한 이 삶을 질식시키는 경쟁적인 가치를 훌훌 벗어 버리고 영혼의 동질성을 가진 짝을 만나 결혼하고 창조주가 심은 아이를 당신의 거룩한 자궁에 받아 그 아이를 낳아 엄마, 아빠 되어 하나님의 뜻을 받드는 진짜 삶을 이루길 바랍니다, 아무리 힘들더라도.

아이는 낳은 엄마의 소유가 아닙니다. 아이가 생길 수 있게 한 자도, 자궁에서 자라게 한 자도, 그리하여 이 세상에 태어나게 한 자도, 자라게 하는 자도 창조주인 것입니다. 아이를 기르는 것은 엄마의 가장 중요한 일입니다. 아이를 키우는 동안은 국가가 책임져야 합니다. 아이를 맡길 가장 적당한 자는 아이에 대한 본능적인 사랑을 가진 어머니입니다. 아이를 잉태하는 시각부터 아이를 기르는 어머니로 고용된 것이고 국가에서 상응한 봉급을 주어야 합니다. 어머니는 아이를 자신의 소유로 인식하지 않고 미래의 국가의 주인으로 길러야 하는 것입니다.

결혼을 하지 않는 자는 그 소득을 세금으로 거둬들여 아이를 기르는 자에게 돌려줘야 합니다.
아이를 기르는 자의 의식주 문제를 해결해 주어야 합니다.
반려동물을 기르는 대신 아이를 기르는 자에게 투자하는 것이 훨씬 바람직합니다.
성경에는 한 아이의 생명이 천하보다 귀한 것으로 기록되어 있습니다. 왜냐하면 그 아이는 하나님의 아들이 될 싹이기 때문입니다. 하나님의 능력으로 우주를 창조할 수 있어도 하나님의 아들은 하나님의 능력으로 할 수 없습니다. 하나님의 능력으로 이룰 수 없는 하나님의 아들들은 온 우주의 주인입니다.

온 우주의 주인이 될 씨를 자궁에 품은 젊은 여인은 정말 잘 모셔야 할 지체 높은 분입니다. 국가는 그분들을 잘 모셔야 합니다. 긴긴 역사 속에 우리의 고유한 말과 고유한 글자를 지닌 5천 년의 역사를 가진 우리나라 귀한 딸들이 잘못된 가치관 속에 아름다운 아이로 키우기 보다는 뛰어난 아이로 키우려는 생각 속에 아이를 어릴 때부터 경쟁의 도살장에 줄을 세웁니다.

이런 잘못된 가치관은 칼을 잘 쓰는 자의 목숨은 그렇지 못한 자의 목숨을 마음대로 처분할 수 있는 야만적인 사무라이 문화를 가진 일본의 식민지를 통해 이뤄졌을 가능성이 큽니다. 정복자의 민족은 소중하고 힘없는 피정복자는 정복자에 의해 아무렇게나 처분되어도 되는 처절한 역사 속에서 생존을 위해 합리적인 것을 포기해야 했던 반세기의 노예 생활이 자기가 우선 살아야하는 경쟁적이고 이기적인 민족을 찍어낸 것이 아닌가? 하는 생각을 하게 됩니다.

우리의 조국은 원래 이렇게 이기적이고 경쟁적이었던가요?

내가 나에게 뭐 길래 내가 나한테 가장 소중한 자가 되어야 하는 겁니까?

왜 나한테 가장 잘 하려는 겁니까?

내가 남 보다 뛰어나야 하고, 잘 살아야 하고, 잘 생겨야 하는 겁니까?

나는 이웃을 위한 도구요. 이웃을 위한 좋은 도구가 되면 좋은 내가 되는 거요. 서로 뛰어나고자 하는 것이 나에게 진저리 쳐집니다. 그것 때문에 이 사회는 깨진 유리처럼 되고 있습니다.

내 것만 먼저 챙기는 이 사회, 남보다 뛰어나기 위해 온갖 지랄들을 하는 사회, 이 사회가 도대체 무엇입니까?

내 이웃이 굶든 말든 아랑곳없이 움켜진 것으로 우리 자식을 먹이면 그것이 독이 안 될 것 같습니까?

하늘과 땅, 태양, 공기, 낮과 밤, 가을, 겨울, 봄, 여름이 있는 것만으로도 너무 사치입니다.

내가 뭐 길래 왜 나에게만 유독 잘하려는 겁니까?

그때가 1986년 내 나이 38세였고 맨해튼 125가 주얼리 가게에서 일할 때였습니다. 이웃은 아랑곳 하지 않고 오직 자기 자식에게만 집착하는 사람들의 모습을 바라보며 갑자기 밀려던 생각입니다. "내가 나에게 무엇이 길래 항상 같이 있는 나에게 특별히 잘하려고 하지?"라는 질문이 던져졌고 내가 왠지 짐승 같은 느낌이 들었습니다.

나의 노력이 나를 위해 쓰이는 것은 허무하게 느껴졌습니다.

자신을 위해서 살아가는 인간의 모습들이 불쌍하게 느껴졌습니다.

남보다 뛰어나고파 하는 인간의 모습이 무언가 잘못된 것에 홀린 것 같았습니다.

자기가 잘 되는 것이 남이 잘 되는 것보다 왜 중요한 것 입니까?? 각자 자기가 맡은 자리에서 성실하면 되는 것이고 자기가 잘 못하면 다른 사람이라도 잘해야지, 내가 남보다 뛰어나기를 바랄 때 이 세상은 살맛을 빼앗깁니다. 그런 나 때문에. 어쩌다 이렇게 내가 나의 우상이 되어 내가 나를 파멸 시키게 되었을까요?

21

몸의 희열입니까?
그 원인이.

창조주는 우리 몸을 통해 자신의 영을 심을 아들의 씨를 뿌립니다. 그리고 새 생명을 탄생시키는 몸의 행위 속에 다른 곳에서 찾을 수 없는 몸의 희열을 심어 놓았습니다. 그 희열로 인해 인간은 생존을 지속할 이유를 가지기도 하고 자녀를 열심히 기르고 자녀에 대한 책임을 다하는데 일조를 하는 것 또한 사실입니다.

그러나 이 몸의 희열이 생존의 목적이 되어 인간을 파멸의 길로 내 몰기도 합니다.

성경 속의 이 몸의 희열에 삼켜진 인간의 모습을 바라보며 인간을 지음을 한탄하여 전멸시킨 기록이 있습니다. 그리고 소돔과 고모라의 멸망도 이 때문입니다.

몸의 희열은 창조주가 인간의 몸속에 심은 큰 선물이지만 그것을 위해 살라고 주신 것은 아닙니다. 서로를 위해 희생할 수 있는 사랑하는 남녀가 서로에게 줄 수 있는 귀한 선물입니다.

그러나 그 희열은 몸이 없으면 가질 수 없는 것이고 몸은 영원한 것이 아니라 그 희열은 언젠가는 잊혀야 할 것입니다. 몸의 희열이 그 몸의 주인인 영혼의 희열을 삼키지 말아야 합니다.

몸에서 생성되는 희열에 생존의 목적을 실어서는 안 됩니다. 그러기 위해 그것은 부부 사이에서만 허용되어야 합니다. 부부는 한 몸으로 규정됩니다. 따라서 부부간에 이뤄지는 희열은 한 몸 안의 희열입니다. 보다 많은 사람이 공유할 수 있는 희열은 나만이 누릴 수 있는 희열의 우위에 있어야 합니다.

세월이 흐를수록 깊어질 수 있는 희열. 한 사람의 희열이 다른 이의 희열이 될 수 있는 희열. 다른 이가 나를 위해 희생하는 데서 오는 것이 아니고 내가 다른 사람을 위해 희생하는 데서 생성되는 희열. 다른 이가 나의 짐을 덜어주는 데서 오는 것이 아니고 내가 다른 이의 짐을 덜어주는 데서 오는 희열. 다른 이를 위해 나의 생명을 바칠 때 극대가 되는 희열.

이 희열은 어떤 것일까? 이 희열을 체험할 수 있을까?
원수를 위해 목숨을 바친 자가 있다면 그가 체험한 희열이 어떤 것일까?
원수가 나보다 뛰어나게 되었을 때 그로 인해 내가 희열할 수 있는 존재가 될 수 있다면
내 존재는 과연 어떤 상태일까?
원수를 위해 나의 목숨을 바치면서 만나는 희열. 그것은 어떤 내용의 희열일까?

내 몸이 찾는 희열에 나를 팔아서는 안 됩니다. 내 몸의 희열이 나 삶의 구심체가 되어서는 안 됩니다. 다른 사람을 내 몸의 희열을 위한 제물로 삼아서는 결코 나의 진짜 희열을 체험하지 못할 것입니다.
나의 잘못된 몸의 희열과 남보다 뛰어나고픈 열망이 구심체가 되어 이 역사가 썩어 문드러지고 있는 것은 아닌지. 나도 여기에 일조하고 있는 것 같아 서글픕니다.

마음이라는 공간 속에서

난 그렇지 못하지만 진실한 사랑을 해본 자는 이 땅의 삶이 끝나면서 자신의 사랑이 끝날 수 없다는 것을 알 것입니다.

이 땅에 있어도 내 마음속에 없는 자는 있어도 없는 것과 차이가 없습니다. 반대로 이 땅에 없어도 꿈속에 만난 자가 자꾸 내 맘속에 계속 살고 있으면 이 땅에는 없지만 내 안에 있는 셈입니다.

따라서 어느 것이 진짜 공간이 되어야 할까?를 생각해 볼 필요가 있습니다.

어디에 있어야 진짜 있는 것일까? 진짜 공간이 무엇인지 알 필요성이 그것을 규정해 줄 것입니다.

제자들이 예수께 천국이 어디 있는지 물었을 때 "천국은 너희 한가운데 있다."고 답하셨습니다.

이 땅의 어떤 낙원이 천국이 될 수 있는 것은 결코 아닙니다.

이 땅에 예수께서 내려와 다스린다 해도.

이 글을 읽는 이 중 30년 후의 현주소가 이 땅이 아닌 자가 반 정도는 될 것입니다.

지구는 그 역사를 언제까지 쓸지 모르지만 개개인의 이 땅에서의 역사는 지금부터 길어야 70년입니다.

이 자연계의 물질로 이뤄진 자연계의 공간의 삶이 끝나면 마음을 이루는 물질로 이뤄진 마음계의 공간에서만 살게 될 것입니다. 물론 이 땅에 살 때도 생명을 가지고 있는 한마음이 있으므로 마음계 속에 있으면서 자연계의 물질로 이뤄진 몸은 이 땅에서 살므로 자연계와 마음계를 동시에 살고 있다고 봐야 할 것입니다. 이 몸이 죽은 후에는 몸을 주관하던 영은 마음계 에서만 존재하는 것입니다.

이 땅의 삶 이후의 삶은 영원한 삶일 수 있습니다. 창조주는 자신의 표현인 아들의 생명을 제물로 바침으로써 자신의 영원한 표현체들인 아들들을 이루고자 이 창조를 시작했기 때문에 영원히 존재할 가치를 가진 내용을 품는 존재로서 인간을 이루는 것이 목적이고 이 목적은 창조주의 능력을 넘어서 있는 것입니다. 유한할 수밖에 없는 이 땅의 삶을 통해서 그 뜻을 반드시 이룰 수는 없습니다. 이 땅의 삶이 끝나고 영으로서 존재가 표현되는 영계의 삶을 통해서라도 그 뜻을 이루려고 하실 것입니다. 이 땅의 삶이 아니면 이룰 수 없는 많은 것이 있지만 어려서 죽어도 그 나름의 삶을 이룰 수 있는 길도 하나님은 마련하고 있을 것입니다. 필요하면 이 땅의 삶을 다시 살게 할 수도 있을 것이고. 하나님은 그것에 대한 언급은 안 하셨지만.

영계와 자연계

생명을 가진 모든 마음들의 집합체로서의 공간을 영계로 규정할 수 있습니다.

자연계는 질량이 있는 물질들을 담고 있는 시간이 적용되는 공간으로 규정될 수 있습니다.

지구에만 한정될 수는 없습니다.

하늘의 별이 지구의 하늘을 아름답게 수놓기 위해서만 있는 것이 아니라고 볼 때 또한 이 우주를 창조한 목적이 하나님의 아들들을 기르는 데 그 목적이 있기 때문에 수많은 지구와 같은 곳에서 하나님의 아들들을 기르고 있을 수 있습니다. 사랑이신 하나님의 아들들을 이루기 위해 창조주의 생명이 바쳐졌음을 인식시키는 방법이 어떤 것인지는 모릅니다. 하나님이 아들을 수많은 곳에서 생명을 바치게 할 수 없으니까 이 지구에서 생명을 바쳤음을 모든 다른 지구 같은 곳에 인식시켜야 하는데, 이 모든 질량을 가진 물질로 이뤄진 시간의 적용을 받는 모든 우주를 통틀어 자연계로 규정할 수 있는 것입니다.

천국의 두 부류

그때가 아마 2005년 가을이었던 것으로 기억됩니다. 배드민턴장을 가기 위해 무학산을 오르던 중 나도 모르게 '천국의 꽃은 무엇이 재료가 되어 피지?'라는 물음에 사로잡혔습니다.
영계에서의 물질의 재료가 도대체 뭐지?
이것을 아는 것이 하나님의 자녀의 삶을 이루는 데 도움이 되는 것인가? 질문을 위한 질문을 하나님께 하고 싶지는 않기 때문에 날 사로잡는 이 질문을 하나님께서 처리해 주실까? 하던 중

그날 신문에서 스베덴보리의 '빛나는 선물'이라는 책을 소개받았습니다. 이 책은 스베덴보리께서 직접 쓴 책은 아니고 스베덴보리연구회(?)에서 간편본으로 편집하여 출간한 책이었습니다.
영풍문고에 가서 선생님의 다른 저서가 있는지 물었고 "천국과 지옥"이라는 선생님께서 직접 쓰신 것을 구했습니다.
스베덴보리: 1688~1772/스웨덴출생/비행선과 잠수함설계/57세부터 세상을 떠난 84세까지 이 세상과 영계를 동시에 있으면서 주님의 인도함을 받아 본 것을 기술하거나 그것을 근거로 한 저술을 남김/철학, 과학, 수학, 법학, 라틴어, 그리스어, 히브리어, 공부한 후, 철학박사로 12세 때 특별 학생으로 입학한 웁살라대학을 22세 때 졸업, 그 후 천

문학, 해부학, 생리학, 정치학, 지질학, 야금학, 광산학, 공학, 화학을 탐구. 57세 때까지 125권의 책을 출간, 예수 그리스도를 직접 뵙게 되고 자신의 재능을 그리스도의 뜻을 알리는데 쓰라는 소명을 받아 이후 29년 동안 영계와 자연계를 동시에 거하면서 30권에 이르는 저술을 남김. 무려 7만여 명의 천사를 만나셨습니다.

천국과 지옥이라는 책을 여러 권 사서 아끼는 지인들에게 주었지만 아무도 관심을 가지고 읽지 않았습니다. 나는 살아가며 몇 권의 책을 읽지 않았지만 '이 책만큼 소중한 책이 이 세상에 과연 있을까'라는 생각을 가지고 있습니다. (이마누엘 스베덴보리 지음/김은경 역 /출판사: 다지리)

영계는 마음의 공간이라 천국의 거리는 마음의 상태의 유사성에 의해 결정됩니다. 마음이 비슷한 사람들끼리 공동체를 이뤄 삽니다. 천국은 이웃을 자신으로 사랑하는 사람들의 공동체이고 지옥은 자신만을 위해 사는 사람들의 공동체로 볼 수 있습니다. 자기가 최고가 되고 싶은 사람들의 공동체는 지옥 중에 가장 독한 지옥이 될 수 있습니다. 자기가 가장 많이 가지고픈 사람들의 모임인 지옥 공동체는 그다음으로 심한 지옥 공동체가 만들어집니다. 천국에서 가장 높은 자는 이웃을 향한 가장 깊은 사랑을 가진 자로서 가장 겸손할 수 있는 자입니다. 천국에서 복 받은 자는 자신의 의지 속에 깊은 사랑을 담을 수 있는 사랑의 깊은 진리를 갖고 있는 자입니다. 진리는 사랑을 담는 체계 또는 그릇으로 정의됩니다.

스베덴보리 선생님께서 29년 동안 영계와 자연계 모두에 공존하시면서 보신 것에 의하면 천국은 크게 두 부류로 나눠진다고 말씀하고 있습니다.

하나는 이 땅에서 주님이 주신 계명을 실천함으로써 그 계명 속에 계시는 주님과 하나 되는 삶을 산 사람으로 진리가 왜 진리인지를 생각할 필요 없이 바로 진리를 자신의 의지 속에 수용하여 이웃을 향한 사랑을 실천할 수 있는 자입니다. 내가 필요한 진리가 바로 이것이구나 하면서 바로 의지 속으로 받아들일 수 있는 사람들인 것입니다.

다른 하나는 주님이 주신 계명이 진리라고 믿고 알고 있지만 이 땅의 삶을 통해 실천하지 않아 실천을 통해서만 접할 수 있는 그 계명이 담고 있는 내용을 체험하지 못한 사람들입니다. 그 계명이 주님이 주신 것이라 진리임을 믿지만 믿는 것으로만 그 계명 속에 있는 주님과 하나 되지 못해 그 계명의 원천인 주님을 자신의 의지 속에 담지 못한 사람들입니다. 단지 자신의 생각 속에 그 진리를 진리라고 알고 믿고 있는 자들인 것입니다. 왜 그 계명이 진리일 수밖에 없는지를, 그 계명이 계명으로 있음이 얼마나 좋은지를 체험하지 못한 상태인 것입니다. 그 계명 때문에 자신의 존재가 존재하고픈 내용을 담을 수 있다는 것을 주님과 하나됨을 통해 이루지 못한 사람들입니다.

이웃사랑을 위해 주님을 향한 사랑이 있는 것이 아닙니다. 주님 사랑을 위해 이웃 사랑이 있는 것입니다. 주님을 향한 사랑이 없이 이웃을 자신보다 사랑하는 것은 불가능합니다. 사랑의 진리 되신 주님 속에 있는 사랑의 원천과 하나 되는 것이 주님 사랑을 이룬 것입니다.

주님이 그 계명의 소망을 이루기 위해 생명을 제물로 바친 것으로 볼 수 있습니다. 주님이 주신 하나님의 계명은 당연히 인간으로서 지키기 힘든 것입니다. 그 계명을 힘들고 싫어도 구원받기 위해 또는 천국 가기 위해 지키려는 것이 아니라 주님의 나에 대한 사랑 때문에 지키려고 할 때 그 진리 속에 계시는 주님과 사랑으로 하나 되는 상태가 됩니다. 그 하나됨 속에서 피조물과 창조주의 하나됨이 이루어져 지킬 수 없었던 상태에서 지킬 수 있는 상태로의 변화를 겪게 되고 변화된 상태가 과거의 자신을 향한 사랑에 의해 끊어지지 않고 연속적으로 이뤄지면 하나님께서 이루고자 하는 사람의 궁극의 모습에 이르게 되면서 사랑의 도구로서의 자신의 참된 identity를 이루게 되는 것입니다. 이렇게 될 때 진리는 생각을 거칠 필요 없이 자신의 세포가 되는 것입니다.

이웃 사랑을 실천하는 것은 주님 사랑에 이르는 과정입니다. 주님을 위해서 생명 바친 나의 이웃을 자신이 이웃을 위해 생명 바쳐야 할 존재로 떠안게 되는 것입니다. 사랑을 나의 생명의 원천으로 품는 주님 사랑. 나의 생명은 사랑을 위해 바치기 위해있는 것임을 자연스러운 것으로 수용하는 주님 사랑. 이 첫째 계명을 이룰 수 있을 때 둘째 계명인 이웃사랑을 온전히 이루게 되는 것입니다.

25

왜 내가 태어났지?

내가 태어난 이유는 나를 생기게 한 창조주에게 물어야 할 것입니다. 창조주는 왜 태어났는지를 때가 되면 알게 할 것입니다.

성경에는 인식 가능한 존재로서의 하나님의 표현체인 아들 예수를 통해 하나님의 자녀를 이루기 위해서라고 적혀있고 이 이유는 만물을 짓기 전에 계획된 것이라고 기록되어 있습니다.

하나님은 영이시기 때문에 하나님의 자녀가 되는 길은 그 존재 속에 하나님의 영을 가져야 한다고 기록되어 있습니다.

모든 생명의 원천인 창조주는 사랑이라고 기록되어 있습니다. 그 사랑이 인식 가능한 존재로 계신 분이 이 땅에 사람의 아들로 와 십자가에 제물로 바쳐진 예수님입니다.

그 예수님이 바로 존재로의 하나님인 것이고 영계와 그에 상응하여 지어진 우리가 살고 있는 자연계 모두가 주님이신 예수님을 통해 지어졌습니다.

자연계의 모든 생물들이 태양에 의해 그 존재가 지탱되듯이 자연계와 영계의 모든 만물이 영계의 태양이신 주님에 의해 지탱되는 것입니다.

내가 태어난 이유

하나님의 자녀가 되기 위해

생명의 원천인 창조주가 사랑이심을 알아야 하고

사랑의 뜻을 이루기 위해 하나님의 생명이 하나님의 아들을 통해 바쳐져야 함을 알고

사랑의 제물이 되신 하나님의 아들이 주신 계명을 그분의 나를 향한 사랑 때문에 힘들고 싫어도 하나님의 아들의 죽음이 헛되지 않게 하기 위해 지키려고 노력하고

그 계명을 실천하는 대상인 이웃(그 이웃이 내가 속한 지역사회 일 수도 있고, 조국일 수도 있음)을 위해 창조주가 이 땅의 생명을 거둘 때까지 노력하고

그리하여 사랑으로 하나님과 하나 되는 삶을 이뤄 신적 사랑의 실천체로서의 나의 참 identity를 이루는 것.

26

자연계와 영계의 동질성과 차이점

사후의 영계의 이야기를 통해서 이 땅의 삶을 제대로 사는 데 도움이 될까 하여 스베덴보리 선생님의 협조를 통해 깨달은 것들을 써볼까 합니다.

앞에서 말했듯이 천국은 마음의 공간입니다. 각 사람의 마음의 상태에 따라 인식하는 공간이 달라집니다.

마음이 비슷한 사람들은 비슷함에 의해 가까이 있게 됩니다. 마음이 비슷하다는 것은 애정을 가지는 대상물이 비슷하다는 것입니다. 말하자면 좋아하는 것이 비슷한 사람끼리 가까이에 있게 되는 공간입니다. 좋아하는 음악이 같으면 같은 공간에 거할 확률이 커진다고 할 수 있습니다.

천국은 신적 사랑의 진리와 그 진리 속에 담은 신적 사랑의 선한 마음으로 이루어지는 공간인 반면에 지옥은 허위와 그 허위 속에 담긴 악의 마음으로 이루어진 공간입니다.

천국은 서로 사랑할수록 그만큼 더 가까이 있게 되는 공간이고 지옥은 미워하는 정도에 따라 그만큼 더 가까이 있는 공간인 것입니다.

천국이나 지옥은 그 마음의 공간 속에 채워지기 전의 환경에 의해 천국이 되고 지옥이 되는 것이 아닙니다. 천국은 그 천국 안의 사람들이 사고하는 진리와 그 진리 속에 담은 선에 의해 천국이 되는 것입니다. 천국이 구성원이 많아질수록 천국은 점점 더 그 사람들 때문에 더 아름다워져 가는 것입니다.

마찬가지로 지옥도 지옥을 채우는 사람들의 허위와 악에 의해 지옥이 되는 것이므로 지옥을 채우는 사람이 많아질수록 점점 더 추한 지옥이 되는 것입니다. 물론 주님은 지옥이 추해지는 것을 조금도 원하지 않지만 주님의 자비로 지옥을 정화시킬 수는 없습니다.

자연계와 영계의 큰 차이점은 자연계에서는 악한 자나 선한 자 모두가 같은 자연을 누릴 수가 있습니다.
마음의 공간인 천국에서는 악한 자는 빛을 접할 수도 없습니다. 물론 그 악한 자도 하나님의 자녀가 되기 위해 그 삶이 시작된 것이기 때문에 희미한 빛이 스며들 수 있습니다. 그러나 환한 빛은 지렁이가 햇빛을 못 견디듯이 그 빛을 견딜 수가 없습니다.

영계는 마음의 공간이라 그 공간을 밝히는 빛은 마음을 밝히는 빛입니다. 마음을 밝히는 것은 진리이기 때문에 영계의 빛은 진리입니다. 그 빛은 주님 안에 계신 사랑이신 하나님의 표현체인 주님 속의 사랑의 불덩어리에서 비치는 진리입니다.

지옥이라는 마음의 공간에는 진리를 받아들일 수 없기 때문에 진리인 빛이 들어갈 수가 없고 자신이 하나님이 되고픈 악마들과 이웃을 자신의 거름으로 삼고픈 악령들로 채워진 지옥은 주님으로부터 오는 빛을 받을 수도 없는 것입니다. 이웃을 위한 거름이 되기를 요구하는 진리와 나의 생명의 원천을 사랑이신 하나님으로 알고 사랑을 위해 나의 생명이 있음을 말하는 진리 앞에 악마의 생명은 죽을 듯한 고문을 받는 것이 되기 때문에 그 신적 사랑의 빛을 맞을 수가 없는 것입니다.

마음의 공간에서 모든 생명의 태양이 되시는 주님에게서 오는 열은 이웃을 자신으로 사랑하는 사랑의 근원인 하나님에게서 오는 사랑이신 열이기 때문에 아무나 그 열을 받을 수 없습니다.

이 땅에 살면서 주님이 주신 계명을 주님이 나를 위해 바친 생명이 헛되지 않기 위해 이웃을 향해 그 계명을 실천하는 시간 동안 주님과 하나 되어 포도나무 둥치에 붙은 기지가 되어 주님이 공급하는 사랑의 선과 진리의 양분을 공급받아 열매를 맺힌 성숙된 하나님의 자녀들은 사후의 천국에서 사랑의 빛과 사랑의 열을 받아 그 빛을 이웃에게 반사하고 그 받은 열을 이웃을 향해 뿜는 주님의 반사체가 될 것입니다.

마음의 공간인 영계에서는 악한 자는 아름다운 풍경을 만날 수가 없습니다. 혹시 아름답다고 생각되는 풍경을 만났다고 하더라도 허위와 악의 불빛 속에서 바라본 그 아름다움은 아름답다고 생각되는 정도만큼 더 추한 것입니다.
물론 아름다운 음악도 들을 수 없습니다. 그 악한 마음이 듣는 아름다운 음악은 자신이 최고이며 자신이 가장 많이 가짐을 소망하는 자신이 모든 아름다움을 독차지하는 것을 부추기는 추한 음악인 것입니다.

이 땅은 자연계의 물질로 되어있는 공간이라 생명의 주인이신 사랑이신 하나님께서 이 땅의 삶을 거두어 갈 때까지는 악한 자나 선한 자가 차별 없이 모든 자연과 좋은 음악과 좋은 책과 좋은 친구와 자신을 사랑하는 숨 쉴 수 있는 공기와 몸을 위한 양식과 몸을 씻을 수 있는 물이 주어지지만 마음의 공간인 사후의 영계는 자신의 마음의 상태가 그 공간을 규정짓기 때문에 바라볼 수 있는 모든 풍경이 사람마다 다르고 들을 수 있는 음악도 달라 모든 추한 것이 아름답게 보이는 악한 사람을 악의 늪에서 건져줄 어떤 구원의 손도 없는 것입니다.

이 땅을 떠나면 육신이 없어지기 때문에 처음에는 육신이 있을 때에 가졌던 욕망들이 여전히 있겠지만 영의 상태가 지속되면 육신을 가졌을 때에 필요했던 욕심이 떨구어져 나가고 순수한 자신의 내면이 남게 될 것입니다.

그때까지는 내면이 악한 자도 다른 사람에게 잘 보이고픈 마음이 살아있어 선하게 보이고 싶은 마음 때문에 진리인 빛을 겉으로 받겠지만 그 내면이 점점 밖으로 드러나면서 빛을 받는 것이 부담스러워 빛이 비치지 않는 곳으로 피신하게 되는 것입니다.

반대로 이 땅에 살 동안에는 먹을 것, 입을 것, 그리고 몸을 가짐으로 생기는 생리적 욕구가 없어지면서 진리인 빛을 받는 것이 점점 편해져 그 내면이 완전히 드러날 때 빛 속에 거하고픈 상태가 되면서 주님의 인도를 받고픈 마음이 점점 절실해지면서 자신을 잘 인도해줄 천사에게 인도되어 자신이 맡을 직무에 가장 알맞은 교육을 받아 천국에서의 자신의 역할을 수행할 수 있게 되어 하나의 천사가 되는 것입니다.

이 땅에서는 종교를 가져도 그 인도자가 제대로 하나님께로 인도하지 못하는 경우가 많이 있어서 교회를 가더라도 하나님의 자녀가 되는 길을 잘 배우지 못했더라도 천국에는 천사가 교육하기 때문에 근본 내면이 진리의 씨를 심을 기본 토양만 되면 세상 걱정도 없고, 억제하기 힘든 몸의 욕망도 벗은 상태이기 때문에 끝끝내 우리를 하나님의 자녀로 이루고자 하는 하나님의 생명 바친 나를 향한 사랑으로 인하여 가장 효율적으로 가르칠 수 있는 천사의 인도를 받게 하는 것입니다.

거기서는 어떤 불공평함도 없습니다. 모든 올바름은 근원적 사랑의 선과 진리의 원천인, 우리를 사랑이신 하나님의 뜻을 받들어 생기게 하고 우리를 하나님의 자녀로 이루기 위해 모든 만물을 짓기 전부터 자신의 생명을 제물로 바칠 운명의 짐을 짊어졌던 주님에 의해서 결정됩니다.

우리를 위해 생명을 바쳐야할 운명 속에서 우리를 생기게 하고 우리가 자신의 생명을 바쳐 심은 나무가 열매 맺을 때까지 말할 수 없는 탄식과 사랑으로 키우시는 예수님에 의해 그 생명을 누리는 천사들이 주님의 뜻을 받들어 우리를 천국의 가족이 되도록 인도할 것입니다.

그러나 이 땅의 삶을 통해서만이 학습되는 많은 것들이 아마도 영계에서는 생성될 수 없을 것입니다.
예컨대 스베덴보리와 같은 훌륭한 선생님이 천사의 교육에 의해 이루어질 수 있다는 것은 생각할 수 없습니다.
그가 공부한 많은 학문들을 통해 그분 속에 축적된 것들이 천사의 교육에 의해 이뤄질 수 있다는 생각은 할 수 없습니다.

이 땅에 살면서 들었던 아름다운 음악들을 통해서 영혼의 아름다움이 경작된 것. 악을 통해서 배운 많은 것들. 자식으로서의 부모에 대한 삶, 친구로서의 삶, 나와는 다른 수많은 사람을 만나면서 배운 많은 것들 (마음의 공간에서는 비슷한 사람끼리 모여 있기 때문에 나와는 아주 다른 사람을 사귀어 볼 수 있는 기회가 없음, 더구나 나를 미워하는 사람마저도 사랑해야 하는 것을 배울 수 있는 미워하는 사람과는 같이 있지 않는 영계, 더구나 원수를 사랑하기까지 할 수 있는 존재의 상태를 이루기 위해서는 원수가 되어 보기도 하고 도저히 용서가 안 되는, 자다가도 벌떡 일어나 이빨이 갈리는 원수를 사랑할 수 있는 존재의 완성이 얼마나 힘든 지를 깨달을 수 있는 기회, 악한 자를 결국 회개시켜 하나님의 자녀로 변화시키기 위해 악한 자와 동고동락하면서 그를 위해 등 뒤에서 기도하며 하나님의 힘이 되는 하나님의 훌륭한 아들이 될 수 있는 기회 등)을 이 땅의 삶을 통해야 만이 배울 수 있는 것입니다.

사랑의 선과 진리의 원천이 되는 사랑이신 하나님이 키우는 포도나무인 예수님에게 붙은 가지가 되어 이 땅의 삶을 살 때 사랑의 진리로 이루어진 참된 지성에서 자라난 참된 사랑의 지혜를 이루어 이 땅의 삶의 모든 음식이 좋은 양분이 되어 하나님의 멋있는 자녀의 삶을 이 땅의 삶을 통해 이루어 영원한 천국에서 찬란히 빛나고 강열하게 타오르는 주님을 빼닮은 사랑이신 하나님의 아들이 될 것입니다.

제2부

기존 기독교리에 대한 항변

제가 어릴 때부터 아버지로 모시는 하나님이 사람들에게 잘못 인식되는 것을 싫어했습니다. 기독교인이 아닌 사람들로부터 공격의 빌미를 제공하는 것도 싫었습니다. 하나님에 대해 함부로 이야기하는 것을 그분이 제 스승일지라도 용납할 수가 없었습니다.

과학자들에 의해 하나님이 주신 성경 말씀이 오류가 있는 것으로 오판되는 것도 싫었습니다. 인간이 하나님의 말씀을 판단할 수 없는 것이므로 모든 진리의 기준이 될 수 있는 성경 말씀은 하나님의 강력한 주권 하에 다른 어떤 세력에 의해서도 왜곡되지 않도록 했을 것이라고 생각했습니다.

신학자들이 성경 말씀을 하나님께서 쓰신 의도와는 다르게 받아들일 수는 있을지언정 하나님의 말씀 자체는 하나님의 의도대로 쓰인 것이라 생각합니다.

예를 들어 325년의 니케아 종교회의에서 성경(성경은 예수님 오시기 전에 쓰였던 39권의 구약과 오신 후에 쓰였던 27권을 합하여 66권으로 되어있음) 속에 어떤 책을 정경으로 선택할 것인 지를 결정할 때 인간의 주관에 의해 잘못되지 않도록 하나님의 절대적 권위가 행사되신 결로 생각합니다. 여러 사본이 있지만 어떤 방법으로든 하나님의 뜻을 제대로 기록한 책이 선택되도록 했을 것입니다. 왜냐하면 판단의 기준이 될 수 있는 성경 말씀은 그 기준을 정한 하나님만이 할 수 있기 때문입니다.

그래서 역사적 사실과 과학적인 근거와 성경 말씀이 결코 상충될 수 없다고 믿었습니다. 누군가 그렇게 판단했다면 역사적인 사실을 잘못 알고 있었거나 과학적인 근거가 충분히 깊지 않거나 잘못된 것이라고 생각되는 것입니다.

기존 신학자들이 잘못 생각한다고 제가 생각하는 것은 다음과 같습니다.

01

하나님의 전능성

앞에서 이미 언급된 것입니다만,

하나님께서 가장 그렇게 하고 싶지만 할 수 없는 것. 내가 하나님을
사랑하도록 만드는 것. 자신의 생명을 아들 예수를 통해 바치지 않고
자신의 영이 인간 속에 거할 수 있도록 하는 것. 그리하여 나를 하나
님의 아들로 탄생시키는 것. 하나님의 자비로 지옥에 있는 자를 천국
으로 끌어올리는 것. 자신의 계명을 지키지 않고도 그 계명이 가진 내
용을 체험하게 하는 것. 자신의 생명을 바치지 않고 인간과 사랑으로
하나 되는 것. 처음부터 인간을 완전하게 창조하는 것. 사랑에서 뻗어
나오지 않은 능력을 부리는 것.

사랑이 배제된 지혜를 가지는 것. 사랑이 없이 능력만으로 천국을 이
루는 것. 등의 한없이 중요한 것을 하나님의 능력으로 할 수 없는 것
입니다.

앞에서 기록했지만 능력은 무언가를 할 때 필요한 도구이므로 그 능
력이라는 도구를 부리는 주인의 뜻을 훼손하면 안 되기 때문입니다.
하나님은 모든 만물을 지을 수 있는 능력이 있지만 그 능력은 사랑을
실현 시키는 도구로서 사랑에서 뻗어 나온 것입니다. 능력이 쓰이는 목
적은 그 능력을 필요로 하는 사랑의 뜻을 구현하는 데 있는 것입니다.

만일 하나님께서 당신이 하나님을 사랑할 수 있도록 만들 능력이 있어서 사랑하도록 당신을 만들었다면 당신은 하나님의 사랑의 대상이 아닌 것이며 하나님은 자신이 사랑할 수 있는 자를 그 능력 때문에 모두 잃어버리게 되는 것입니다. 능력의 완벽성은 그 능력을 필요로 하는 주인인 사랑이 부를 때 완벽한 심부름꾼이 되는 것입니다.

하나님이 자신의 생명을 바치지 않고도 완전한 인간을 지을 수 있다고 한다면 하나님의 생명이 부어진 인간이 아니고 하나님과 온전한 사랑으로 하나 된 인간도 아니고 하나님의 아들로서의 인간도 아닌 것이며 하나님은 한 아들도 탄생시킬 수 없을 것입니다.

아들 된 인간은 자신이 하나님의 완전한 능력에 의해 지어진 존재로서 인식할 것이고 하나님이 자신을 위해 생명 바친 사랑의 아들인 것을 생각할 수 없을 것입니다.
하나님의 능력은 하나님의 사랑에서 나온 것임을 알아야 우리는 참된 피조물이 되는 것입니다.
있는 모든 것이 생긴 것은 하나님의 사랑에서 뻗어 나온 지혜의 능력에 의해 이뤄진 것입니다.
하나님의 전능성에 대한 잘못된 수용 때문에 역사는 잘못 해석되고 사랑에서 뻗어 나온 것이 아닌 최고의 능력을 갖고 싶은 인간의 욕망이 결국 사탄의 뜻을 인간 속에 침투시키는 엄청난 오류를 이 역사 속에 자행한 것입니다.

뛰어남을 향한 빌어먹을 욕망의 쓰레기차에 당신의 고귀한 영혼을 내팽개치지 않길, 제발

02

하나님은 전능하므로 한없이 힘든 일을 한없이 쉽게 할 수 있기 때문에
모든 만물을 6일 동안 지었다고 말하면 하나님이 좋아하시겠습니까?

하나님은 결코 전능한 분으로 칭송받고 싶은 분이 아닙니다. 그것은
모든 만물을 지을 수 있는 지혜의 근원인 한없이 깊은 사랑에서 한없
는 수고로 지은 하나님에 대한 모독임을 알아야 합니다.

잠깐, 얼음이 왜 물에 뜨죠?
과학자는 이렇게 대답할 것입니다. 물이 얼음이 되면서 부피가 늘기
때문이라고, 그러면 왜 다른 광물은 고체가 되면 분자끼리 당기는 힘
이 세어져서 부피가 주는 데 물은 부피가 커지나요? 아 그것은 물이
고체로 되면서 분자 배열이 수소결합이라는 얼개가 형성되면서 부피
가 늘어나기 때문이죠. 그러면 왜 그런 수소결합이 생기는 거죠? 그
건 나도 모르겠소 하던지 다른 이유를 말하겠죠 이렇게 계속 소급해
들어가며 물을 수가 있습니다.

가정을 한 번 해 봅시다. 만일 물이 얼음이 되면서 다른 광물처럼 부
피가 줄어 비중이 커져 얼음이 물에 가라앉는다면 어떻게 되죠? 바다
나 강은 추울 때 바닥이 얼음으로 채워져 위에까지 모두 얼어버리겠
죠. 그리고 바닥의 땅에 뿌리를 내린 식물들은 죽고, 등등… 결국 생물
이 살아야 하는 생물에 대한 사랑이 얼음이 물에 떠야 하는 이유를 찾

게 되어 사랑의 지혜 때문에 자연의 법칙이 만들어지고 만물이 생존하고 지탱되는 것입니다.

하나님을 전능자로 몰아세워 당신의 절대적인 수호자로 만들고 싶은 것입니까?

나는 아들로서 내 아버지 하나님이 아버지의 능력 때문에 당신의 수호자가 되는 것이 정말 싫습니다. 그런 생각이 들 때마다 내 아버지 하나님이 불쌍해 죽겠습니다. 우짜다가 창조주가 되어서 피조물들에게 이런 수모를 당하시는가? 한때는 아침 햇살이 비칠 때 "또 하나님의 짝사랑이 시작되는 구나."라는 생각이 들면서 아침 햇살이 들 때마다 눈물이 나오든 때도 있었습니다. 이 글을 적는 나의 눈은 눈물로 글썽이고 있습니다.

사실 하나님이 적으신 성경의 첫 번째 책인 창세기에 의하면 태양은 6일 중 네 번 째 날에 온전히 이루어졌습니다. 그전 아직 태양이 그 형체를 완전히 이루기 전에도 산재된 빛이 있어 식물이 자랄 수 있었습니다.
과학에서 배우던 시생대, 고생대, 중생대 마지막 6일째 되는 날엔 신생대의 것들이 이루어진 것을 볼 수 있습니다.
몇 천 년 전 아직 과학이 인간의 역사 속에 자리 잡기 전에 쓰인 창세기에 현재의 과학자들이 나열한 시대 순으로 배열되어 있는 것을 성경 속에서 볼 수 있습니다.

지구의 역사는 하나님이 하신 생생한 기록입니다. 역사를 통해 하나님이 쓰신 성경의 기록들을 바로 받아들여야 합니다.
태양이 4일째 되는 날에 온전히 형성되었고 해와 달이 그 질서를 굳

히며 낮과 밤을 이룬 것을 볼 수 있습니다. 창세기의 하루는 태양의 주위를 지구가 돎으로써 생기는 하루가 아닌 것이 너무나 확실합니다.

그 하루는 수 백 억년이 될 수도 있습니다. 하나님이 창조를 진화의 방법에 의해 긴긴 세월 동안 창조를 해 나간 것으로 볼 수 있습니다. 결국 이 땅에 하나님의 아들 예수의 죽음을 통해 하나님의 아들을 탄생시키는 것이 하나님이 만물을 시작하기 전의 목적이었으므로 인간이 살아갈 수 있는 환경을 만들어놓고 마지막에 인간을 창조하는 작업을 하신 것입니다.

생물학적 인간이 역사의 무대에 처음 등장한 것은 몇 억 년 전일 수 있습니다. 그러나 하나님이 사람으로 규정할 수 있는 최초의 인간이 이루어진 것은 약 6천 년 전입니다.

아담의 탄생

자연계의 모든 물질은 자연계의 물질을 구성하는 원소로 되어 있습니다. 인간의 몸도 마찬가지 입니다. 그러나 그 몸속에 하나님의 영을 모실 수 있는 정신적인 공간을 마련하는 것은 다릅니다. 창조주의 영을 모실 수 있는 공간은 아름다운 음악의 그 아름다움을 수용하기 위해 그 아름다움을 인식할 수 있는 인식체가 마련되어야 하는 것과 유사합니다. 인공지능 로봇에게 이것을 심는 길은 음이 아름답게 느껴질 수 있는 모든 조합을 입력해 놓으면 될 것입니다. 그 로봇에 각각의 조합마다 주는 느낌에 상응한 표정과 여러 조합이 어우러져 만들어내는 표정의 연산을 입력해 놓으면 사람이 보기에 로봇이 아름다움을 느끼는 것처럼 보일 수 있을 것입니다. 그 로봇이 실제로는 느낄 수 없겠지만. 인간을 제외한 모든 동물들은 몸의 각 기관이 있어야 할 필요성이 자아낸 몸이 작동할 수 있는 정해진 본능이 심어져 있습니다.

그러나 인간은 육체가 아닌 영인 창조주의 정신을 담아야 하는 목적을 가지고 시작된 것이기 때문에 다른 동물처럼 몸의 각 기관을 필요로 하는 그 필요가 만들어낸 몸의 기능뿐 아니라 이 몸을 벗어나 창조주의 자녀로서의 영으로서의 삶에 필요한 것을 갖추어야 하는 것입니다.

이를 위해 몸의 필요와는 다른 정신적인 진화가 이어지고 축적될 수 있어야 할 것입니다. 동물들은 몸의 필요에 의해 그 진화가 진행되지만 인간은 몸과 정신의 필요에 의해 그 진화가 진행되어야 할 것입니다. 몸의 진화는 그렇게 진화되지 않으면 안 되는 환경이 지속적으로 조성이 되기 때문에 잘 이어지고 축적될 수 있지만 정신적인 진화는 그 환경이 외부로부터 오는 것이 아니고 내면으로부터 오는 것이기 때문에 개별적인 것이라 수동적인 진화가 이뤄지기가 어렵습니다. 그 진화가 자발적이고 능동적으로 이뤄져야 하는 것입니다. 그리하여 정신의 환경이 이뤄져야 하는 것입니다.

아담이 창조주이신 사랑의 영을 담을 수 있도록 정신적으로 진화되기 위해서 가능한 한 그 선대들이 모두 훌륭한 정신을 가지며 자라야 하고 훌륭한 교육이 지속돼야 했을 것입니다.

이를 위해 하나님은 이 지상의 가장 훌륭한 남녀가 만나 아이를 낳게 해야 하고 좋은 정신적인 양분이 지속적으로 공급되도록 했을 것입니다. 이러한 하나님이 적극적으로 개입된 결과물로 하나님의 영이 거할 수 있는 몸을 넘어선 영적 공간이 형성된 최초의 인간이 탄생된 것입니다. 그가 바로 현재의 인류의 조상인 6천 년 전의 사람 아담인 것입니다.

아담은 흙에서 이뤄진 몸속에 하나님의 영을 모실 수 있는 정신체로의 공간을 이룬 최초의 인간으로 창조된 것입니다. 결국 하나님이 적극적이고 지속적으로 개입된 긴긴 세월의 진화를 통해 아담이 그 부모로부터 태어나면서 창조된 것입니다. 물론 아담의 아버지는 하나님의 영이 거할 수 있는 공간인 정신체를 온전히 이루지 못한 사람으로서 하나님이 사람으로 아직 규정할 수 없는, 생물학적으로는 인간이지만 영적 시각으로는 아직 인간을 이루지 못한 분이라고 해야 할 것입니다.

여기서 저는 감히 아담은 아버지로부터 태어났지만 하나님께서 창조하신 위대한 참인간의 조상인 것입니다. 그는 930살까지 살았다고 성경은 기록하고 있습니다. 하나님께서도 아담의 나이를 기록하면서 아담이 태어난 것을 말씀해 주고 있는 것입니다. 하나님의 아들 예수님도 이 땅에 사람으로부터 태어나게 하신 것을 생각해 보아야 할 것입니다.

하나님께서 기약 없는 긴긴 세월, 어쩜 몇 억년 동안을 자신의 아들이 될 수 있는 아담을 창조하는 데 보냈을 수 있는 것입니다.
자신의 생명을 바치기만 하면 자신의 아들을 이룰 수 있는 최초의 인간 아담이 완성된 것을 보는 하나님의 환희가 얼마나 컸을지 상상이 잘 안 됩니다.

아담 속에 사랑이신 하나님의 영을 채우기 위해 하나님의 생명을 바쳐야 하는 운명 속의 사랑이신 창조주의 환희와 고뇌가 가던 나의 발걸음을 멈추게 합니다.

04

아담의 마누라 이브와의 만남

성경에는 아담을 깊이 잠들게 한 후 갈비뼈를 뽑아 그것으로 이브를 지으셨다고 기록하고 있습니다. 그리하여 이브를 본 순간 아담은 "내 뼈 중의 뼈요. 내 살 중의 살이로다." 라고 고백한 것으로 기록하고 있습니다.
이에 대해 몇 가지 가설을 세울 수 있습니다.

첫째는, 아담의 아내가 되어 아담의 자식을 낳아야 하는 이브가 아담과 같은 하나님의 처소를 가진 유전자를 가진 여인이어야 한다면 아담의 복제품이면서 다른 성을 지녀야 하는데 아담의 갈비뼈로 복제하면 다른 성을 가진 아담의 복제가 가능한 것이 아닌가(?) 라고 생각할 수 있습니다.

둘째는, 믿음의 조상 아브라함의 아내 사라는 아브라함의 이복 여동생이었고, 아들 이삭의 아내 리브가는 이삭의 5촌 질녀였고, 이삭의 아들 야곱의 두 아내 레아와 라헬은 야곱의 외사촌이었다. 이를 통해 유추해 볼 때 다음의 가능성을 생각할 수 있는 것입니다.

하나님은 아담을 지으면서 아담의 아내가 될 여인을 아담과 같은 혈

통 속에서 준비하고 있었던 것으로 생각할 수 있습니다. 이브는 어릴 때부터 쭉 보아온 아담의 친 여동생은 아닌 것 같고 가까운 친척의 딸 중 '아담의 유전자와 가장 비슷하고 아담의 가슴을 다 뺏길 그리하여 이성을 몽땅 잊어버리게 할 정도로 아리따운 여인이 아니었을까.'라고 생각될 수 있는 것입니다.

아내 이브는 먹는 것이 허락된 모든 다른 과일이 줄 수 없는 맛을 맛보고픈 욕심이 있었고, 자신이 갖지 못한 선과 악을 아는 지혜를 탐하기도 했던 그리하여 하나님의 명령을 어기고 자신의 욕심 속에 사탄의 유혹에 넘어갔던 여인, 자기의 잘못을 유혹에 넘어간 자신보다는 유혹을 했던 뱀에게 돌린 여인, 하나님을 향한 분노로 하나님이 사랑한 동생 아벨을 죽인 가인을 낳은 여인, 하나님의 명령을 어긴 공범자로 남편 아담을 끌고 들어간 여인.

그런데 성경에 아담을 도울 수 있는 적절한 여인을 찾을 수 없었다고 기록한 것과 이브를 그전에 아담이 전혀 본 적이 없는 것처럼 말한 것을 볼 때 전자의 경우일 가능성이 큽니다.
하나의 세포로 복제를 할 수 있다면 갈비뼈 하나로 같은 유전자를 지닌 한 여인을 복제하는 것은 얼마든지 가능한 것입니다.

어쩌면 '다른 성을 가진 복제를 하려면 갈비뼈를 사용해서 해야 하는 것이 아닐까.'라고 생각해 볼 수도 있는 것입니다.
하나님께서 주신 성경 말씀이 사람들에게 허구가 될 수 있는 확실한 근거를 잘못 제시하여 하나님의 말씀이 조롱거리가 되는 것을 도저히 용납할 수 없어 이 글을 올립니다.

05

믿기만 하면 구원받는다는 것에 대해

기독교인에게 왜 하나님을 믿습니까?라고 물으면/ 복 받을라고/, 구원 받을라고/, 천국 갈라고/ 그러면 무슨 복을 받고 싶은 겁니까?/ 왜 구원받으려고 하죠?/ 왜 천국 가려고 하죠?/

당신이 받고 싶은 그 복이 하나님께서 당신에게 주고 싶은 복인 가요? 왜 하나님이 그 복을 당신에게 주고 싶어 할까요? 당신이 받고 싶은 복을 받으면 당신에게만 좋은 가요, 당신의 이웃에게도 좋은 가요? 당신의 이웃은 당신이 그 복을 받는 것을 좋아 할까요? 하나님은 당신에겐 좋지만 당신 이웃에겐 좋은 것이 아닌 복을 주고 싶어 할까요? 당신이 어떻게 했기에 당신에게만 좋은 복을 하나님이 주실 생각을 할 수 있을까요? 하나님께서 "무엇이든지 구하라. 그러면 이루리라"라는 말씀 때문에 당신이 구하고, 구한 것을 하나님이 주실 것을 확실히 믿기 때문인가요? 외사촌 형님이신 우리 교회 장로님께 공중 기도할 때 하나님께서 구하기를 바라는 것을 구하면 좋겠다고 하니까 "뭐라 쌌노 무엇이든지 믿고 구하면 이루리라고 했는데" 성경에 "내 말이 너희 안에 거하고 너희가 내 안에 거하면 무엇이든지 구하라 그리하면 이루리라"라고 적혀 있습니다. 그런데 많은 목사님들께서 앞의 "내 말이 너희 안에 거하고 너희가 내 안에 거하면"이라는 전제를 빼고 하나님의 자녀 된 우리들은 믿고 구하면 다 이루어진다고 말씀하십니다.

당신이 하나님께 구한 것이 이루어지지 않았다면 주님의 말씀이 구하는 사람 안에 없었거나, 구하는 이가 주님 안에 거하지 않았거나 구하는 자가 아직 하나님의 자녀가 아니거나 일 것입니다.

주님 안에 거한다는 것은 주님의 사랑 안에 거하는 것이고 그러기 위해 주님이 주신 계명을 주님의 자신을 향한 생명 바친 사랑 때문에 아무리 싫어도 지키려고 노력할 때 그 노력이 주님을 향한 사랑의 고백이 되어 주님 안에 거하게 되는 것입니다. 복 받기 위해서, 또는 구원 받기 위해, 또는 천국 가기 위해 그 계명을 지키려고 하면 주님의 말씀이 주님을 향한 사랑 속에 있는 것이 아니기 때문에 주님의 말이 그 사람의 내면에 들어가지 않습니다. 주님의 말씀이 그 사람 안에 없는 것입니다. 그리하여 그 사람이 구하는 것은 사랑이 없는 자신의 욕심에서 구하는 것이므로 기도로 성립될 수 없고 따라서 주님의 귀에 아예 들리지 않습니다. 어쩌면 사탄의 귀에 들려 사탄의 노리개가 될 수 있을 것입니다.

06

왜? 복 받기 위해 하나님께 기도하는 거죠?

하나님이 당신에게 복 주려고 아들을 통해 생명을 바친 걸까요?

당신에게 복 주려고 이 땅에 당신의 생명을 시작한 걸까요?

창조주가 당신보다 먼저 있었던 것은 알지요? 창조주를 위해 당신이 생긴 것이지 당신을 위해 창조주가 계신 것은 아니지요. 그러니까 창조주의 뜻을 이루기 위해 당신이 있는 것입니다.

창조주의 뜻을 위해 당신이 있을 때 당신은 당신이 있어야 할 참된 이유로 있는 것입니다.

그럴 때 당신은 참된 당신을 만날 수 있고 참된 당신을 이루어갈 수 있는 것입니다. 그리하여 하나님이 왜 자신을 생기게 했는지를 알게 되고 자신이 생긴 것이 진짜 좋은 것을 알게 될 것입니다.

당신이 어떤 복을 받고 싶어 하느냐에 따라 당신의 정체성이 드러날 수 있는 것입니다.

당신이 받기를 하나님이 바라는 그 복을 받으려고 해야 하는 것입니다. 그 복은 하나님이 당신을 생기게 한, 그래서 당신의 삶을 통해 이루려고 하는 그것이 당신이 찾고 구해야 하는 복입니다. 그 복을 추구하는 한, 당신이 그것을 이루기 위해 당신이 이 땅에서의 삶에 필요한 것을 하나님께서 당신이 구하지 않아도 직접 챙길 것입니다.

그래서 성경에 너희는 먼저 하나님께서 이루려고 하는 나라와 하나님께서 규정하는 옳음을 구하라고 하시는 것입니다.

당신을 하나님의 자녀로 이루기 위해 자신의 생명을 아들을 통해 제물로 바친 하나님, 우리의 몸의 모든 세포가 자라고 그 일을 하도록 하시며 이 땅의 삶에 필요한 음식과 공기 그 모든 것을 사랑의 지혜로 공급하시는 하나님께, 하나님께서 친히 챙길 것을 알지 못하고 우릴 위해 생명 바친 거룩한 예수님의 이름으로 구하는 것이 하나님을 얼마나 섭섭하게 하겠습니까?

당신을 향한 하나님의 뜻이 무엇인지 알기 위해 기도해야 하는 것입니다. 그리고 당신을 향한 하나님의 뜻을 이룰 수 있는 길을 찾게 해 달라고 기도해야 합니다. 우리 인간은 연약하고 무지하여 자신도 모르게 이 땅의 삶이 걱정이 되는 것은 어쩔 수 없지만 당신을 위해 생명 바친 주님의 이름으로 구하는 것은 옳지 않습니다. 당신이 이 땅의 삶을 위해 기도하면 사탄이 먼저 엿듣고 당신이 구한 것을 이루어 줄 수 있습니다. 그리하여 하나님을 믿는 덕분에 자신이 필요한 것을 기도만 하면 얻을 수 있게 하여 하나님을 믿는 이유가 복 받는 것이 되어 하나님과 영영 만날 길을 놓치게 할 수 있기 때문입니다.

당신이 구해야 할 복은 하나님이 주신 계명 속에 있습니다. 사랑이신 하나님이 나의 생명의 원천임을 알아내 생명이 사랑이신 하나님을 위해 있어야 하고 사랑이신 하나님의 영을 내 속에 품어 이웃을 내 자신으로서 사랑하는 자가 되기 위해 예수님의 뜻을 받들어 이웃 속에 나의 사랑의 농사를, 하나님이 이 땅의 생명을 거둘 때까지 짓는 것입니다. 그리하여 하나님의 계명을 온전히 지킬 수 있는 하나님의 성숙한 자녀가 되어 하나님께서 나에게 바라는 하나의 천국을 내 속에 건설하는 것입니다.

07

구원 받고 싶나요?

구원을 받은 상태는 죽음에서 해방된 상태, 영원히 존재할 수 있는 상태, 영원히 존재할 가치를 가진 내용을 내 속에 품은 상태, 내 속에 사랑이신 하나님의 영을 품은 상태, 하나님이 자신의 인식체인 아들을 통해 생명을 바쳤음을 믿는 상태, 하나님이 자신의 생명을 바치지 않고는 위해서 생명을 바친 대상과 하나 될 수 없음을 확실히 아는 상태, 모든 만물을 지은 것은 자신의 생명을 바쳐 사랑으로 하나 되어 자신의 영을 심어 자녀를 이루고 그 자녀들을 통해 생명의 근원인 사랑이신 하나님이 아들 예수의 죽음을 통해 자신의 생명 바침을 아는 자들에게 예수를 통해 사랑이 그들 속에 흘러들어 사랑의 나무가 자라고 꽃이 피고 열매를 맺어 농부 되신 하나님의 뜻을 펼치는 것임을 아는 상태인 것입니다.

앞에서 말했지만 이 구원은 하나님의 일방적인 자비로 이룰 수 없는 것입니다. 하나님께 기도하는 것으로 이 구원을 이룰 수가 없습니다. 이것은 당신이 하나님의 말씀을 통해 깨닫고 실천하지 않으면 결코 올 수 없는 것입니다.

하나님은 모든 사람의 구원을 이루기 위해 자신의 생명을 바쳤고 모든 생명이 그 생명을 유지하도록 모두에게 필요한 것을 공급하시는, 차별 없이 극진히 보살피는 하나님의 자비, 그 하나님의 자비가 없이는 어떤 존재도 그 생명을 이어갈 수 없는 하나님의 자비가 있지만 그 자비를 통해 구원을 이룰 수는 없는 것입니다.
그 구원이 구원되게 하는 당신 속의 실체는 신적 사랑이기 때문이고 하나님은 당신 그 사랑을 품도록 강제할 구 없기 때문입니다.
사랑을 강제할 수 있는 능력은 하나님이 가져서도 안 되고 가질 수 없는 것이기 때문입니다.

당신이 당신의 구원을 이룰 수 있도록 자신의 생명을 아들을 통해 바치기까지 하면서, 그리고 당신이 당신의 구원을 이룰 때가지 필요한 모든 것을 공급하시며, 하나님은 탕자를 기다리는 아버지처럼 목이 빠지라 기다리는 것입니다.

08

왜 천국에 가고 싶은 거죠?

왜 천국에 가고 싶은 거죠? 라고 물으면 "그거야 당연한 것 아니오." 라고 대부분 대답할 것입니다.

사실 지옥 가는 사람은 지옥이 천국 보다 자신의 체질에 맞아가는 것입니다. 만일 당신이 천국에 가면 들어서는 순간 숨쉬기가 힘들 수 있습니다. 천국의 공기가 당신 폐로 들어가는 순간 질식하여 죽을 것 같은 고통을 느낄 수 있습니다. 그러다 지옥의 공기를 마시면 살 것 같은, 그리하여 지옥을 선택하는 당신이 될 수도 있습니다. 당신이 이 땅에서 지옥의 공기가 자신의 세포에 적합한 삶을 살았다면.
천국이 누구에게나 좋은 것은 아닙니다. 천국의 공기가 숨쉬기가 좋은 사람에게만 천국이 좋은 것입니다.
천국은 가고 싶어 하나님께 매달린다고 갈 수 있는 곳이 아닙니다. 천국을 가기 위해 아무리 많은 제물을 교회에 바쳐도 안 됩니다. 천국에 가기 위해 아무리 이웃에게 잘해도 안 됩니다.
천국에 가기 위해 다른 사람에게 선을 베풀어도 안 됩니다.

주님이 내 죄를 모두 짊어지고 갔으므로 그 사실을 믿기만 하면 내 죄가 없어져서 내가 의인이 되어 천국 갈 수 있다는 생각에 그 사실을 믿어야겠다고 아무리 굳게 결심해도 안 됩니다. 구원은 내가 이룰 수 있는 것이 아니라 하나님의 은혜에 의해 일방적으로 주어지기 때문에 하나님을 믿는 것만의 그 은혜로 천국을 갈 수 있는 것은 아닙니다.

오늘날 하나님의 피를 팔아 이 땅의 삶의 복을 누리고자 하는, 하나님을 자신의 도깨비방망이 쯤으로 생각하는 파렴치한 기독교인들도 있습니다. 그들은 천국의 공기를 마시는 순간 독가스를 마신 것처럼 질식할 것입니다.

하나님이 자신의 구원을 위해 아들 예수의 생명을 바쳤음을 믿기만 하면 죄가 다 씻어져 의인이 되어 천국을 갈 수 있다고 생각하는, 하나님의 피를 자신의 구원의 도구로 삼는 파렴치한 기독교인들, 그들이 모인 곳이 천국이 된다면 도대체 뭐 할라꼬 천국 갈 겁니까?

천국을 가기 위해 계명을 지키려고 한다면 그는 결코 천국에 갈 수 없습니다.

천국을 가기 위해 하나님을 믿는다면 그도 마찬가지입니다.

부흥회에 사람들이 구름떼처럼 모이는 곳에는 모인 자들을 통해 하나님의 이익을 챙기는 것이 아니라 하나님의 이익과는 아무 상관없는 그들의 이 땅 위의 삶에 국한된 이익을 미끼로 내어놓아 그들과 하나님을 기만하는 곳일 위험성이 많습니다.

공짜를 좋아하는 사람들을 불러 모으는, 그리하여 하나님의 피를 값싸게 팔아넘기는 가룟 유다를 양산하는 자리가 될 수도 있는 것입니다.

천국은, 천국을 가고 싶은 자가 가는 곳이 아니라 이웃을 자신으로 사랑하고자 하는, 그리하여 자신의 사랑으로 인하여 이웃의 천국이 되고 싶은 자가 천국이 되는 것입니다.

창조주가 바친 생명의 피를 내 속에 흘려 양분을 공급받아 생명의 꽃을 이웃을 향한 사랑으로 자신을 이웃을 위한 거름으로 발효시킬 소망을 가진 하나님의 자녀가 되는 것이 천국이 되는 길이요. 이런 자가 모인 곳이 천국이 되는 것이고 이런 자들이 사랑의 농사를 지어 피운 모든 아름다움이 천국의 아름다움이 되는 것이고 그들의 사랑에서 품어져 나온 향기가 천국의 공기가 되는 것입니다.

자신을 이웃을 위한 도구로 삼는 자들이 호흡하는 공기를 자신의 생존을 위해 남을 희생시키는 자들이 마시면 그들의 생존 형식과 반대되는 것을 마시기 때문에 질식하게 되는 것입니다. 그들이 내뿜는 공기는 천국을 오염시키는 것이 되기 때문에 결코 내뿜도록 허락될 수 없는 것입니다. 혹시 그들이 숨을 들이쉴 수 있을지라도 내뿜을 수는 없는 것입니다.

기도는 응답되는가?

주님의 이름으로 하나님께 구할 수 있는 것은 주님께서 하나님의 뜻을 이루기 위해 자신의 생명을 제물로 바쳤기 때문입니다. 주님이 생명을 바친 것은 하나님의 영을 우리 속에 심어 우리를 하나님의 자녀가 되게 하기 위함 이었습니다. 이 땅의 삶에 필요한 모든 것을 공급하기 위해서 생명을 바친 것이 아닙니다.

"너희는 먼저 그의 나라와 그의 의를 구하라. 그리하면 이 모든 것(먹을 것, 입을 것 등)을 더하시리라."

라고 성경 속에 기록하고 있습니다. 역으로 이 땅에 필요한 모든 것의 더함을 받기 위해 궁극의 나라인 하나님의 나라와 하나님의 진리를 구한다면 그것은 진실로 하나님의 의를 구하는 것이 아닙니다. 이 땅의 삶은 하나님의 의를 이루기 위한 필요한 과정이지 하나님의 의가 이 땅의 삶을 위한 수단이 아니기 때문입니다.

하나님의 의를 이루기 위해 이 땅의 삶이 주어진 것이지 이 땅의 삶을 위해 하나님의 의가 있는 것이 아닌 것은 창조주의 필요에 의해 우리가 생긴 것이지 우리의 필요에 의해 창조주가 있는 것이 아니기 때문입니다.

궁극의 나라인 천국은 어떻게 이루어지며 하나님께서 규정하는 옳으심이 무엇인지, 그리고 그 옳으심을 구현하기 위해 우리는 어떻게 해야 하는지를 구해야 하는 것입니다. 이 땅의 삶을 위해 하나님을 수단으로 삼는 것은 주객이 전도된 것입니다.

하나님의 능력이 창조주이신 신적 사랑에서 나오는 것임을 알아야 합니다. 하나님이신 신적 사랑(근원적 사랑)이 얼마나 깊으면 그 사랑의 지혜에 의해 만물이 창조될 수 있을까를 생각해야 합니다. 만일 당신이 하나님과 같은 사랑이 될 수 있다면 당신도 창조주가 될 수 있다고 감히 저는 주장합니다. 물론 창조주가 되고파 그런 사랑이 되고자 하는 것은 잘못된 것이지만.
만일 하나님이 창조의 역사를 이루기 위해 자신의 생명을 바치지 않았다면, 자신의 생명을 바치지 않아도 창조의 역사가 완성될 수 있는 것이었다면, 창조가 사랑에서 출발한 것이 아니라 창조주의 전능한 능력(아무리 힘든 일도 하나도 힘들이지 않고 할 수 있는 능력, 할 수 없는 것이 하나도 없는 능력)에서 시작된 것이라면, 그리하여 피조물로부터 섬김을 받기 위한 창조였다면, 그에게 조아리며 당신의 이 땅의 삶에 필요한 것을 구걸할 수 있습니다. 그리고 그의 의는 피조물로부터 극대의 섬김을 받는 것이 될 것이고 극대의 자비를 베푸는 것이 될 것입니다.

전능자인 창조주 앞에서 그의 무한한 자비의 은혜로 이 땅의 삶을 어떻게라도 살아보고자 하는 창조주의 우산아래 비굴해진 피조물의 삶을 살아야할 것입니다. 그래서 깡다구 좋은 인간은 창조주를 무시하고 그 우산에서 벗어난 독립된 삶을 꿋꿋이 살다 이 땅의 삶을 죽을 때까지 자신의 의로 살다가 갈 것입니다.

그러나 하나님의 능력은 그의 사랑에서 뻗어 나와 그의 사랑의 뜻을 이루는 도구로서 사용될 뿐이고 그의 능력은 피조물을 향한 사랑을 이루는 지혜로서 사용되는, 피조물을 창조주의 자녀로 이루는 수단으로 사용되는 것임을, 창조주의 독생자 예수의 생명을 제물로 바치는 창조주의 죽음을 이 역사 속에 맞이하면서 우리는 알게 되는 것입니다.

창조주가 피조물을 향해 생명을 바치며 한 사랑의 고백의 화답으로 피조물이 어떻게 해야 그 사랑의 고백을 이루게 할 수 있는지를 기도해야 하는 것입니다.

"구하라 얻을 것이요. 찾으라 그리하면 찾을 것이요. 두드리라 열릴 것이라."
"너희가 내 안에 거하고 내 말이 너희 안에 거하면 무엇이든지 구하라 그리하면 이루리라"

구해야 할 것을 구해야 합니다. 하나님의 아들이 생명을 바쳤기 때문에 구할 길을 얻은 우리들이 무엇을 구해야 합니까? 십자가에 못 박혀 피 흘리는 예수를 제단에 두고 하나님께서 무엇을 찾아야 합니까? 예수께서 우릴 위해 생명까지 바쳤는데 그거면 됐지 하나님께 또 우리가 어떻게 하란 말입니까? 그가 생명을 우리 대신 바쳐서 죄 사함을 얻었으니 이제 우리는 죄가 없는 것 아닙니까? 예수께서 내 죗값을 대신하여 다 갚았으니까 그 사실을 믿고 굿을 보고 떡만 먹으면 되는 것 아닙니까?
"나를 본 자는 하나님을 보는 것이고 내가 하는 모든 것은 하나님이 하는 것이다."라고 하신 하나님의 표현인 예수. 그의 죽으심은 하나님의 죽으심임을, 영이신 하나님께서 아들의 죽음을 통해서 피조물을 향해 생명 바쳤음을 결코 잊어서는 안 됩니다.

하나님은 결코 자신의 죄를 다른 이에게 전가시키는 자들로 자신의 아들로 삼는 분은 아닌 것입니다. 결코 그런 자들로, 자신의 생명은 사랑의 뜻을 위해 있으며 이웃을 자신의 생명의 원천인 사랑을 실천할, 그리하여 참 생명의 꽃을 이웃을 통해 피우고자 하는, 필요하면 자신의 생명을 남김없이 거름으로 발효시켜 이웃 속에 참 생명으로 살고자 하는 자들의 유기체인 천국을, 하나님의 피를 팔아 자신의 죗값을 치르는 건방지고 안하무인이고 이기적이고 파렴치하기까지 한 그런 자들로 이룰 수는 없는 것입니다.

그런 자들의 기도는 사탄의 귀에 들릴지언정 하나님의 귀엔 들리지 못하는 것입니다.
주님의 이름을 통해 하나님께 기도하는 것은 주님의 생명 바침을 통해 하나님께 기도하는 것임을 잊어서는 안 됩니다. 그것을 잊으면 구하는 자는 주님 안에 거하는 것이 아닙니다.
주님이 나를 위해 생명 바쳤음을 내 가슴 안에 품지 않은 상태에서는 주님과 내가 사랑으로 하나 되어 있지 못합니다. 무엇을 구해야 할지, 무엇을 찾아야 할지, 알 수 없습니다. 그리하여 기도를 하나님께 할 수 없습니다.

기도는 주님과 이웃을 향한 사랑입니다. 나를 시작한 주님의 뜻을 찾기 위해 그리고 주님의 뜻을 이루기 위한 길을 찾기 위해 기도를 해야 합니다. 나의 이 땅의 삶의 잘 됨과는 아무 상관 없는 이웃을 위한 순수한 기도는 주님 속에서 하는 기도이고 그 기도가 주님의 능력이 되어 주님이 이룰 수 있습니다. 이웃을 위한 기도이자 주님을 위한 기도입니다.

나를 위한 기도는 주님의 이름으로 구하기는 좀 그렇지 않습니까? 그런 구함은 나도 모르게 걱정이 되어 내 마음 속에 무겁게 자리 잡게 되겠지만 주님의 이름으로 내 입으로 직접 구하기는 적절치 않을 것 같습니다. 가까운 친구에게 부탁하여 기도를 부탁할 수 있겠지만 주님 보다 가까운 친구는 없습니다. 주님께서 알아서 하시든지 안 하시든지 할 것입니다.

아들 때문에 너무 걱정이 되어 나도 모르게 한숨이 가슴을 가득 채웠을 때 주님께서 "내가 웅래를 너보다 사랑하나니까 걱정을 하지 마라."라는 소리가 내 안에서 들리면서 마음의 짐이 벗어지는 것을 경험한 적이 있었고, 우리 아파트 맞은편에 40대 후반의 고등학교 국어 선생님이 뺑소니 사고를 당하여 의식을 오랫동안 못 찾고 있어서 예배시간에 특별히 그 선생님이 아이를 한 번 안아 보고 이 세상의 삶을 마칠 수 있도록 도와 달라는 기도를 드렸는데 우연인지 모르지만 바로 그날 의식을 찾은 적이 있습니다.

기도는 사랑입니다. 사랑의 방향은 자신이 아닙니다. 자신의 근원인 주님 이거나 자신의 사랑의 농장인 이웃입니다.
이 두 기도는 하나님의 의를 이루는 기도입니다. 이 두 기도는 이 땅의 삶뿐 아니라 이 땅의 삶을 마친 후의 영원한 삶의 바탕을 마련하는 기도입니다.

무엇이 옳은 거지? 왜 옳은 거지? 옳은 것을 찾는 이유는?

옳은 것으로 가득 찬 인간을 생각해 봅시다. 그 인간은 완성된 인간일까요? 옳은 것으로 가득 찬 인간은 인공지능 로봇 같은 느낌이 듭니다. 우리는 옳은 것으로 아무리 내 속에 채워도 나는 아직 채워지지 않을 것 같음을 직관합니다. 옳은 것들로 채우는 것이 궁극의 것이 아니기 때문입니다.

그러면 옳은 것을 옳은 것으로 규정하는 것이 있을 것입니다. 그것은 옳은 것이 있을 필요를 제공한 것이고 옳은 것을 도구로 부리는 옳은 것의 주인일 것입니다.

선을 담는 체계는 진리이고 악을 담는 체계는 허위입니다.

악을 담고 싶어 하는 이에게는 허위가 선택되고 선을 담고 싶어 하는 이에게는 신적 진리(신적사랑의 진리)가 선택됩니다. 그 옳음 속에 무엇을 담고 싶어 하는가가 그 옳음을 규정하는 것입니다.

성경에는 신적(근원적) 진리는 신적 사랑을 담는 그릇으로 정의됩니다. 사랑이 옳음을 규정하는 것입니다.

사랑을 위해 거짓말을 했다면 그것은 옳은 것이 될 수도 있다고 할 수 있습니다. 그 사랑이 자기를 향한 것이 아니고 신적 사랑이나 이웃을 향한 것이라면.

신적 사랑에 배치되는 이웃 사랑은 이웃에게 독이 될 수 있는 사랑입니다. 이웃 사랑 또한 궁극적인 것이 아닙니다. 왜냐하면 그것의 옳음이 신적 사랑에 의해 규정되기 때문입니다.

잘못된 사랑이 있을 수가 있는 것입니다.

신적 사랑을 담고 있는 신적 진리가 바로 십자가에 제물로 바쳐진 예수이십니다.

모든 것의 올바름은 예수께서 규정합니다. 성경에 "내가 곧 길이요 진리요 생명이다"라고 예수께서 자신에 대해 말씀하고 있고 자신을 통하지 않고는 모든 있음의 근원이신 사랑이신 하나님께 접속 될 수 없다고 말씀하고 있습니다. 그분을 최종적인 심판자로 기술하고 있습니다.

무엇이 옳은 것인지를 알고 싶으면 당신을 지은 자에게 물어봐야 하고, 당신 속에 옳은 진리의 체계를 구축하고 싶다면 당신을 지은 자에게 부탁해야 합니다.

당신을 지은 자가 규정하는 옳음을 가진 진리 체계를 당신 속에 구축하지 않으면 당신을 생기게 한 자가 당신 속에 담고 싶은 것을 담을 수가 없습니다. 결국 진리의 얼개가 없거나 텅 빈 그릇이 되어 존재의 목적을 누릴 수가 없게 되는 것입니다.

당신을 생기게 한 자가 바로 신적 사랑을 담고 있는 신적 진리 이신, 십자가에 제물로 바쳐진 예수이시라는 것을 이 땅의 삶이 거두어지기 전에 아셔야 합니다.

당신의 옳고 그름을 규정할 수 있는 옳음의 원천이 되시는 예수를 만나기 위해 이 땅에 태어난 것이라고 해도 과언이 아닙니다.

옳은 것이 좋기 때문에 옳은 것을 선택해야지 그리고 그 옳은 것을 좋아하는 이유가 그 옳음을 통해서 그 옳은 것이 옳은 것으로 규정하는 신적 사랑을 실천하기(담기)에 좋기 때문에 그 옳은 것을 좋아해야지 그 옳은 것을 실천함으로써 주님이나 이웃에게 좋은 것이 아닌, 자기에게 유익하기 때문에 옳은 것을 행하는 것은 옳은 것이 원하는 내용으로 선택되는 것이 아니기 때문에 옳은 것을 기만하는 것이 되는 것입니다.

옳은 것을 행하는 이유가 그 옳은 것이 옳아야 할 근거를 만족시키는 방향으로 옳은 것을 집행해야 하는 것입니다.
이웃에게 친절하게 하면 결국 자신에게 이로울 수 있기 때문에 친절하게 하는 것은 옳은 것 자체를 좋아하는 것이 아니라는 것입니다. 이웃에게 친절하게 하는 것 자체가 좋아서 친절해야 한다는 것입니다. '다른 사람에게 잘하면 그 복이 결국 자신에게 돌아온다.'라는 생각으로 다른 이에게 잘해서는 안 된다는 것입니다. 그것은 진리를 좋아하는 것이 아니라 자기를 좋아하는 것이고 자기의 이익을 위한 수단으로 진리를 기만하는 것입니다. 그 복이 자신에게 돌아오지 않으면 자식에게라도 돌아온다는 생각에서 해도 옳은 것은 아닙니다.

물론 이웃에게 친절함으로써 결국 이사회가 잘 된다는 생각 때문에 하는 것은 옳은 것 자체가 좋아서 한 것입니다. 그것은 옳은 것이 옳은 것으로 규정되는 바른 근거에 맞는 것이기 때문입니다.
성경에
"마음이 가난한 자는 복이 있나니 천국이 저희 것임이요"
라는 구절이 있습니다. 여기서 천국을 소유하기 위한 수단으로 마음을 가난하게 해서는 안 된다는 것입니다. 마음이 가난한 상태가 천국을 소유한 상태라는 것입니다.

기독교인들은 복 받기 위해서 계명을 지키려고 합니다. 계명을 지킬 수 있는 상태가 복 받은 상태입니다. 내가 가진 것을 다 팔거나 내가 가진 명예를 내려놓으면 하나님의 계명을 지킬 수 있는 상태가 될 수 있다면 그렇게 해야 할 것입니다.

만일 내가 지옥에 가고 내 친구가 천국을 갈 수 있다면 내가 지옥을 선택하는 나의 상태가 복 받은 상태인 것입니다.

옳은 것을 한 것에 대한 결과물로 복을 받는 것이 아니라 옳은 것을 할 수 있는 상태가 복 받은 상태인 것입니다.

복 받기 위해 하나님의 계명을 지키려고 하는 것이 아닙니다. 하나님의 계명을 지킬 수 있는 상태가 복 받은 상태인 것이고 내가 천국이 되는 상태인 것입니다. 하나님께서 생명을 바친 것은 내가 하나님의 계명을 지킬 수 있는 상태가 되게 하기 위해서라고 할 수 있습니다. 그리고 내가 계명을 지키는 상태가 될 때 천국을 내 속에 이룬 상태이고 내가 하나님의 뜻을 이룬 상태가 되는 것입니다. 하나님의 계명은 하나님의 나를 향한 사랑 때문에 주어진 것입니다. 하나님의 계명을 지키려는 의지가 하나님의 나를 향한 사랑 때문이어야 합니다. 하나님이 생명을 바친 것은 나를 향한 사랑의 고백입니다.

예배에 대해

하나님께 예배를 드리는 이유를 생각해 봅시다.

기독교인들은 일주일에 최소 한 번 교회에 모여 예배를 드립니다. 나는 일주일에 세 번 교회에서 예배를 드렸고 집에서 매일 네 번씩 예배를 드렸습니다. 아버지나 아버지 안 계시면 어머니가 예배를 인도했다. 찬송, 기도, 성경 말씀으로 이뤄집니다.

나에게 생명을 주신 내 생명의 주인께 예배를 바치는 것입니다. 예배를 드리는 것은 지극히 당연한 것으로 한 평생의 습관입니다.

예배를 안 드린다는 것을 생각해본 적이 없습니다. 내 생명이 있는 한 예배를 드릴 것입니다. 아마도 천국 가서도 내 생명의 주인인 하나님께 예배를 드릴 것입니다.

예배를 안 드리면 하나님과 내가 끊어질 것 같은 느낌이 듭니다. 하나님과 끊어진다는 것을 생각하면 아버지를 잃은 것 같은 슬픔이 북받쳐 옵니다. 한 평생을 아버지 하나님이라고 부르며 살아온 내가 아버지와 헤어진다면 내 생명의 끈이 끊어진 것 같은 느낌이 듭니다. 그리고 너무나 외로워집니다. 내가 예배를 드리는 것은 이런 외로움을 견뎌낼 수 없을 것 같아서 인 것 같습니다.

나를 하나님의 자녀로 이루기 위해 생명 바친, 피 흘리는 예수님을 십자가에 제물로 걸어두고 예배를 드릴라 치면 이내 눈물이 글썽입니다. 아들의 생명을 바쳐 나를 향한 사랑의 고백을 하시는 내 생명의 주인이신 하나님과 하나 되는 예배.

이 예배를 통해 하나님의 생명이 나의 속으로 흘러들어 내가 하나님의 한 분신이 되는 거룩한 예식인 예배.

예수님께서 십자가에 제물로 바쳐지기 전날 밤 겟세마네 동산에서 하나님과 예수님과 내가 하나 되길 피가 땀으로 흘러나오도록 기도하시던 예수님의 기도를 이루는 거룩한 예배.

혹시 이 삶이 끝나 하나님께 예배하는 시간을 갖지 못한다면 얼마나 외로울까?

사실 이 글을 쓰기 전에는 이 외로움을 생각해 보지 않았습니다. 내 생명의 주인이신 하나님과의 분리는 어떤 사랑하는 연인과의 헤어짐 보다 어떤 절친한 친구와의 헤어짐 보다 깊고 무서운 외로움으로 다가옵니다. 내가 없었다면 이런 외로움이 없었을 것을 생각하면서.

하나님이 나를 지으면서 이 외로움도 함께 심으신 것 같습니다.

하나님의 외로움은 얼마나 깊으실까요?

하나님의 외로움이 하나님을 창조주로 만들었는지 모릅니다.

하나님의 외로움이 아들의 생명을 제물로 바치게 했던 것이 아닐까요?

"사랑하는 자는 하나님께 로서 나서 하나님을 알고 사랑하지 않는 자는 하나님을 알지 못하나니 하나님은 사랑이심이라."

나의 생명의 주인이신 사랑이신 하나님께 바치는 예배. 하나님과 내가 예수의 죽음을 통해 하나 되는 예배가 인간의 헛된 욕심으로 하나님을 다시 십자가에 못 박는 일이 없기를.

예배를 마치고 나오는 교인들의 마음의 창인 눈을 통해 사랑이신 하나님을 찾는 일이 쉽지 않았습니다. 그들의 눈길을 받으며 천국을 느낄 수가 없었습니다. 많은 이들은 눈의 초점을 잃어버린 피곤한 상태였습니다. 예배를 인도하는 이와 예배에 참석하는 이들이 생명의 근원이신 사랑이신 하나님과 하나 되는 의식인 예배를 이 땅에서 이루는 것이 너무 어려운 것 같습니다.
찬양, 기도, 말씀을 통해 하나님과 하나 되는 의식을 거행하는 것은 혹시 불가능한 것은 아닐지.

하나님은 찬양을 받는 것을 원할까요? 원한다면 어떤 찬양을 원하실까요? 한때는 하나님께 할 일은 하지 않고 찬양하는 것이 너무 죄송해 전도지를 만들어 아파트의 우편함에 꽂기도 하고, 눈에 잘 뜨이게 노란색의 A4지에 글을 크게 인쇄하여 생명을 구한다는 빌미로 전봇대에 도배를 한 적도 있었고, 전도지를 신문에 삽지하기도 했습니다. 하나님께 찬양하기가 쉽지 않습니다. 주님께서 십자가에 달려 죽으신 그 피 값을 자녀 된 내가 조금이라도 하면서 찬양을 드리며 주님과 하나 되고 싶었습니다. 하나님께 복을 비는 기도가 예배의식 속에 자행(恣行) 되고 있습니다. 그 기도는 하나님과 멀어지는 기도가 될 수 있습니다. 피 흘리는 주님의 십자가를 끌어안고 주님과 함께 사랑을 위해 내 존재를 같이 십자가에 못 박는 의식이 이루어져야 할 것입니다. 내 생명의 주인이신 사랑이신 하나님께 내 생명을 사랑을 위해 생명을 바칠 수 있는 복을 기원하는 것은 하나님과 하나 되는 기도로서 예배의식에 필수적인 의식입니다. 그리하여 그 사랑을 가지고 이웃에게 내 생명을 거름으로 발효시킬 수 있는 기도를 예배 속에 해야 할 것입니다.

하나님의 말씀을 통해 무엇을 얻게 하며 무엇을 얻으려고 하는가에 따라 예배가 이뤄질 수 있는 여부가 결정되는 것입니다.

하나님의 모든 법과 진리는 사랑에서 뻗어 나온 것이고 사랑의 뜻을 이루기 위해 있는 것임을 알아야 합니다. 사랑에서 뻗어 나온 지성을 배양하는 말씀이 되어야 합니다. 사랑에서 뻗어 나온 지혜로 모든 만물이 지어졌음을 잊어서는 안 될 것입니다. 그 말씀이 이 사회 속에서 실천될 때 이 사회가 필요한 진정한 지혜가 되어 사회다운 사회를 이뤄 나갈 것입니다.

예배를 통해 좋은 사회로 빚어질 수 있는 지성이 공급되고 이웃을 위한 좋은 거름으로 자신을 바칠 수 있는 사랑이 심어질 수 있는 예배가 되도록 예배를 인도하는 자와 예배에 참석하는 자가 합심하여 생명의 주인이신 하나님의 생명이 흐르는 거룩한 예배가 이 땅에 이루어지도록 노력해야 할 것입니다.

은혜를 받음에 대해

이 땅의 삶은 영원한 삶을 준비하는 과정이지만 발등에 떨어진 불을
먼저 꺼야 하는 상황 속에서 하나님이 날 위해 생명 바친 것은 잊고
이 땅의 삶을 위해 하나님께 매달리기가 쉽습니다.
부흥회를 가는 기독교인이 기대하는 것은 부흥회를 가면 이 땅의 삶
이 나아질 수 있는 희망을 찾을 수 있지 않을까, 육신의 병이 치료되
지 않을까를 기대하면서 참석합니다. 그리하여 그 가능성을 찾았다
고 생각되면 은혜를 받았다고 생각합니다. 주님의 자신에 대한 사랑
의 확신 속에서 그 가능성을 찾습니다.

주님이 자신을 위해 생명을 바친 사실 앞에서 왜 주님은 생명을 바치
기까지 하시면서 자신의 구원을 이루려고 했는지는 생각지 않고 주
님의 자기를 향한 지극한 사랑만을 생각하며 자신의 모든 어려운 문
제를 해결해 줄 것을 확신하면서 은혜를 입었다고 생각합니다.
연약한 인간의 모습 앞에서 그들을 나무라기가 잔혹하게 생각되기도
합니다. 하지만 창조주는 이 땅의 삶에 국한된 문제를 해결하기 위해
서 아들의 목숨을 바쳐 사랑을 고백한 것은 아닙니다.

주님과 함께 사랑의 십자가를 지고 가고픈 갈망이 우리 속에서 솟아

나게 하는, 그리하여 이웃을 향해 하나님이 심으신 사랑 속에 나를 용해시켜 이웃에게 필요한 거름이 되도록 최선을 다하고픈 마음으로 가득 찬 은혜를 입는 그리스도인이 되길 바라면서 하나님은 생명을 바쳤습니다.

매사에 하나님만 의지하는 허약한 자녀를 하나님은 원하지 않습니다. 하나님을 향한 확실한 믿음으로 골리앗의 이마에 돌을 박아 죽였던 다윗과 같은 용사를 원하십니다. 하나님을 향한 굳건한 믿음으로 이웃을 위해, 이 사회를 위해, 조국을 위해, 세계를 위해, 자신의 생명을 사랑으로 바치는 용사를 하나님은 원하실 것입니다.
우리의 의지로 할 수 없는 부분은 하나님께서 맡아 하실 것입니다. 하나님의 자녀가 질병 속에 고통하다 죽는 것을 하나님은 원하지 않습니다.

하나님의 자녀의 죽음은 하나님이 직접 챙길 것입니다.
나를 생명의 근원이시고 주인이신 하나님의 자녀로 이루기 위해 생명 바친 주님의 사랑 때문에 주님이 주신 계명을 기를 쓰고 지키려 한다면 그것이야말로 은혜를 받은 것입니다.

내가 존재하는 것이 뭐 그리 나에게 중요한 것인가? 내가 사라지고 그 자리에 사랑의 나무가 자라 꽃이 피고 열매 맺는다면 이런 영광이 어디 있겠습니까?

이 은혜를 당신과 내가 주님을 통해 찾을 때 주님의 생명이, 가지인 우리 속에 흘러 하나님의 분신이 되지 않겠습니까!

13

내 속에 천국을 이루는 길.

29년 동안 영계와 자연계를 모두 거하시며 주님의 인도를 받으며 7
만 명의 천사를 만났던 스베덴보리 형제(1688~1772)의 천국과 지옥의
533장의 도움을 받아 이 글을 씁니다.

1) 어떤 것이 부정직하고 부당한 행위임을 알면서도 거기 마음이 끌릴 때 이
것은 하나님의 가르침에 위배되기 때문에 할 수 없다고 생각만 할 수 있으면
결국 천국을 내 속에 건설할 수 있다"라는 것입니다.
그리하여 천국을 이루는 것은 그렇게 어렵지 않다는 것입니다. 그렇
게 생각하는 것이 습관화되면 점점 천국과 결합된다는 것. 사람이 천
국과 결합되는 정도만큼 마음의 높은 차원이 열리고 그것이 열리는
만큼 부당한 것을 식별하게 되고 악을 식별하는 정 만큼 악을 물리칠
수 있습니다.

사람이 이렇게 시작 단계를 만들기만 하면 주님은 그 사람 안에 모든
선함을 북돋우시고 악을 식별할 능력과 악한 의지를 자제할 힘을 주
십니다. 그렇게 하여 마침내 악에서 돌아서게 하십니다. 악과는 마주
칠 수도 없고 악이 아무런 의미를 가지지 못하게 됩니다.
악의 끌림이 제로 상태가 되는 것입니다. 주님께서 "내 멍에는 쉽고

내 짐은 가볍다.”라고 말씀하신 것이 이 때문입니다.

반대로 악을 행할수록 위의 생각(하나님의 가르침에 위배되기 때문에 해서는 안 된다는 생각)을 하고서 악을 거부하는 것이 점점 힘들어진 자. 악을 행하는 정도만큼 그 악에 익숙해져 그 악을 식별하지 못하게 되고 그 악을 사랑하게 됩니다. 그 사랑이 주는 즐거움 때문에 악을 변명하고, 온갖 그릇된 생각으로 악을 행해도 되며 선한 것이라고 단정하게 됩니다.

이런 이유로 어릴 때부터 하나님의 가르침을 심어야 하는 것입니다. 천국을 이루는 상태는 하나님의 계명을 지키는 것이 자연스러운 것인 상태라고 할 수 있습니다. 그런데 사람이 지어질 때 이 상태를 겨냥한 것이므로 지키는 상태가 될 때 평화가 있고 자유를 누리는 상태가 되는 것입니다.

한편 주님의 계명은 하나님의 계명이기 때문에 그 계명 속에 감추어진 내용을 사람이 스스로 알 수 없을 수 있습니다. 그리하여 그 계명을 주신 주님의 인도를 받아야 하는 것입니다. 주님의 인도를 받는 것은 어렵지 않다는 것입니다. 주님이 주신 계명이 무엇인지 알고 그 계명에 위배되는 것은 주님이 금하시는 것이기 때문에 하면 안 된다는 생각을 하면 된다는 것입니다. 그 계명을 지키는 것이 자연스러운 것인 하나님의 자녀(천국)를 이루는 것을 위해 주님이 생명 바친 사실을 확실히 알고 내가 원하는 것보다 주님이 원하는 것이 옳은 것이고 주님이 생명 바쳐 이루려고 한 것을 가슴에 담아 그 계명을 지켜야 한다고 생각하면 주님이 나와 같이 멍에를 메고 그 계명이 소원하는 곳으로 인도하신다는 것입니다. 억지라도, 나를 위해 생명 바친 주님과 같이 멍에를 메고 주님이 인도하는 데로 가다 보면 그 길이 내가 가장 가기를 원하는 길이 되는 것입니다. 그리하여 다른 길은 길이 아닌 것이 되어 천국에 이르는 것입니다.

주님의 계명을 나를 향한 주님의 생명 바친 사랑땜에 그 계명을 지키려고 기를 쓰면 원수가 잘 될 때 같이 기뻐할 수 있는 말할 수 없는 깊고 아름다운 사랑이 내 속에 이루어질 것을 기대할 수 있을 것입니다.

2) 이웃 사랑의 생활은 이 세상에서만 가능하다.
경건하고 거룩하게 살기 위해 세상일을 떠나 산 사람들, 또는 여러 가지 방법으로 스스로를 학대하면서 그것이 세상을 버리고 육신을 정복하는 길이라고 믿는 사람들은 이 세상에서만 가능한 삶인 이웃사랑의 생활에서 떠났기 때문에 추구하는 삶이 비슷한 이유로 가까이 있는 이웃들과의 공동생활 속으로 들어갈 수 없는 것입니다. 천국은 이웃사랑으로 일하는 상태에서 생성되는 기쁨으로 이뤄진 삶이기 때문에 세상일을 하지 않고 은둔해 산 사람들은 경건하고 거룩한 삶을 위한 고행의 대가로 천국의 기쁨이 주어질 것으로 생각하는 것입니다. 천국의 기쁨은 이웃사랑에서 오는 적극적인 노동과 실제적인 일을 하는 데서 오는 것을 모른 채.

이웃을 위해 내가 할 수 있는 것이 없으면 내가 존재할 필요가 없는 것 아닙니까?
생명의 주인인 사랑이신 하나님은 내가 존재해야 할 필요의 씨를 심어 그 씨가 이 땅의 삶을 통해 싹트고 자라 열매 맺도록 할 것입니다. 그 열매는 사랑의 양식이라 하나님이 일방적으로 맺게 할 수 없는 것입니다.
사랑의 필요에 의해 존재가 생겨났기 때문에 우리의 삶은 만남들로 이뤄지는 것입니다. 이 삶을 통해 만나는 모든 것을 나의 이웃들이라

정의할 수 있을 것이고 그들 속에 나를 심어 열매 맺는 것입니다.

3) 내가 누군가를 만났다고 할 때 그 누군가를 어떤 내용으로 만나야 그의 실체와 만난 것일까요?

만일 내가 누에를 만났다고 했을 때 그 누에가 실을 뽑고 있는 것을 보지 않고 봤다고 할 수 있을까요? 그 실이 비단으로 만들어지는 것을 보지 않고 누에가 뽑은 실을 보았다고 할 수 있을까요? 우리는 누에가 뽑은 실이 비단으로 변하는 것을 볼 때 비로소 누에의 완전한 모습을 봤다고 해야 하지 않을까요?

그리하여 누에의 실체와 만났다고 할 수 있을 것입니다.

내가 시인을 만났다고 할 때 그와 직접 만난 것으로 그 시인을 만났다고 할 수 있을까요?

내가 그의 시를 읽고 그 시가 노래하는 언어의 생명체를 만나지 않고는 그 시인을 온전히 만났다고 할 수 없습니다.

그의 한 편만을 만나고 시인을 제대로 만나기는 힘듭니다. 그리고 그 시가 내 속에서 생명으로 자라나는 것을 체험하지 않고는 그 시인을 온전히 만났다고 할 수 없습니다.

그 시인을 온전히 만난다는 것을 어떻게 정의할 수 있을까요?

모차르트를 생각해 봅시다.

실제 살아있는 모차르트와 만난 것이 모차르트를 만난 것이 될 수 있을까요?

모차르트의 음악을 듣고 그 음악이 주는 감동 속에 자신이 용해될 때 모차르트와의 한 만남을 이룬 것이라 할 수 있습니다.

누에가 실을 뽑듯이 모차르트의 내면에 의해 생성되는 수많은 음악을 접하여 그 속에 녹아보지 않고는 그분을 온전히 만난 것이 될 수는 없습니다.

나의 이웃이 나를 만나는 내용이 무엇이 될 수 있을까요?
만일 예수님이 이 땅에 계실 때 직접 예수님을 만났다거나, 비몽사몽 간에 예수님을 만났거나 스웨덴보리 선생님과 같이 천국에서 예수님을 여러 차례 뵈었더라도 그 사실이 예수님을 제대로 만난 것이 될 수 없습니다.

예수님은 창조주인 신적 사랑을 담고 있는 신적 진리이십니다. 예수님이라는 사랑의 진리는 그 진리를 행하지 않고는 그 진리가 품고 있는 내용을 만날 수가 없습니다. 그 진리를 행할 때 진리 되신 예수님을 만나는 것이 되는 것입니다. 예수님은 신적 진리 속에 담긴 신적 사랑을 실천을 통해서 그 내용을 품기 전에는 예수님을 아무리 만나도 만나는 것이 아닙니다. 예수님을 만나지 않고는 하나님을 만나는 길은 없으므로 물론 하나님을 만난 것은 아닌 것입니다.
우리는 이 삶을 통해서 이웃이 나를 만나는 내용이 이웃에게 양분이 되고 거름이 될 수 있는 그런 나로 빚어져가야 하지 않을까요?
이를 위해 어떻게 해야 할까요?
나의 생명의 주인이시며 근원이신 사랑이신 하나님께 예수님을 통해 물어봅시다.

14

하나님은 왜 선악과를 만들어 에덴의 한가운데 두었을까요?

어제 5촌 질녀가 이 물음을 해왔습니다.

왜 알려고 하는지를 돼 물었습니다. "자신이 모태로부터 기독교인이라 '선악과를 만들지 않으면 아담이 하나님의 명령을 불복하는 잘못을 원천적으로 봉쇄할 수 있을 텐데, 왜 만들었지' 라는 질문을 해오기 때문에 묻는다고 하며 자신도 궁금하기 때문"이라고 했습니다.

하나님께서 긴긴 세월의 협조를 받아 드디어 하나님의 영을 담을 수 있는 영의 수용체를 인류의 몸속에 마련하게 된 최초의 인간 아담을 탄생시킨 후 너무나 기뻤고 아담이 너무나 좋았습니다. 그리하여 지상에서 가장 아름다운 동산을 지으시고 그 속에 가장 맛있는 열매를 주어 먹게 했습니다. 아담은 그 동산의 아름다움을 흠뻑 즐기면서 온갖 맛있는 열매를 힘들이지 않고 먹으면서 그야말로 낙원 속에서 살았던 것입니다.

아담의 몸속에 사랑이신 창조주의 영의 수용체를 마련한 것은 자신의 영을 아담 속에 심어 자녀로 삼아 자녀를 통해 자신의 꽃을 피우고 열매 맺는 것이었습니다. 창조주는 사랑이시고 사랑의 영을 심어야 했기 때문에 창조주의 능력으로는 할 수 없는 것이었고 성경에 기

록된 대로 자신의 표현체, 인식체, 그분의 하는 것이 모두 창조주께서
하시는 것인, 아들 예수를 통해 생명을 바쳐 야만 인간 속에 자신의
영을 심을 수가 있었던 것을 앞에서 여러 번 이야기했습니다. 아담
은 지상에서 가장 진화된 인간이라 할 수 있습니다. 그는 하나님의 아
들이 될 운명을 가지고 태어난 최초의 인간이라 할 수 있는 것입니다.
하지만 그를 하나님의 영을 모신 하나님의 아들로 이루기 위해 하나
님은 생명을 바쳐야 할 창조주의 숙명을 가졌던 것입니다.

아담과 이브가 성숙해 갈수록 지상의 어떤 아름다움도, 지상의 열매
가 주는 어떤 맛도, 하나님의 아들이 되어야 하는 아담의 허기를 채울
수 없습니다. 그 허기는 하나님의 생명이 바쳐져야만 채워질 수 있는
것이었기 때문이었던 것입니다.
하나님의 아들이 될 종자였던 아담은 하나님처럼 되고픈 갈망이 있
었고 하나님의 영을 자신 속에 담고픈 갈망이 점점 깊어 갔을 것으로
생각되는 것입니다.

이브는 그런 아담의 갈구를 옆에서 지켜보았을 것이고 자신의 머리
인 아담의 사랑을 받는 것이야말로 가장 중요한 이브에게는 자신의
남자 아담을 행복하게 하는 것이 무엇보다도 중요했을 것입니다. 말
하자면 하나님 보다 아담이 소중하게 되었을 것이고 하나님의 명령
을 어겨서라도 아담을 행복하게 할 수만 있다면 무엇이라도 할 기세
였을 수가 있고 이 틈새를 놓치지 않고 사탄은 뱀의 몸을 통해 이브를
유혹했던 것입니다.

성경에 의하면 그 당시는 식물과 동물과 인간이 서로 교통할 수 있는
상태였던 것으로 생각됩니다. (대행스님도 나무의 말을 들을 수 있었
고 동생의 숙희라는 친구도 나무의 말을 들을 수 있었습니다. 그 당시

는 인간의 언어가 분화되기 전이었고 영계를 가면 국적에 관계없이 말을 배우지 않아도 소통할 수 있는 것으로 되어 있습니다. 자연계와 영계에 30년 동안이나 동시에 거할 수 있었던 스베덴보리 선생님의 말씀에 의하면 천국은 생각 그 자체가 말로 되는 생각의 전달이 말의 매개를 필요치 않는 그런 말로 되어 있는 것으로, 말이 따로 있으면 말에 의해 생각이 굴곡 되어 전해질 수 있으므로 생각을 타인에게 전달하는 수단인 언어가 완벽한 기능을 할 수 없는 그런 언어가 되는 것입니다.)

성경에는 하나님께서 모든 동물이 아담에게 가게 하여 동물이 자신의 이름을 갖게 했던 것을 보면 아담의 느낌이 그대로 동물의 이름이 될 만큼 동물의 개념과 아담의 느낌이 합치했던 것으로 생각됩니다. 말하자면 느낌이 언어화되는 것으로 생각되며 이런 방법으로 사탄이 뱀에게 생각을 넣어 그것이 이브에게 전달되도록 했던 것으로 생각됩니다.

모든 동물의 이름을 아담에게 맡긴 것을 보면 아담의 느낌이야말로 그 동물의 개념과 합치되는 느낌을 가졌던 것이고 아담의 감각은 개념과 합치되었던 것으로 확장시켜 볼 수 있는 것입니다.
뱀과 이브가 서로 소통했던 것 때문에 이야기가 길어졌습니다.
다시 본 논점으로 돌아가 선악과를 동산 한가운데 둔 이유를 같이 생각해봅시다.
동산 한가운데 둔 것은 봐야 할 때 반드시 볼 수 있도록 한 것이고 그리고 충분히 자주 보게 한 것이라 할 수 있습니다. 그리하여 '따 먹으면 정녕 죽을 것'이라고 한 명령을, 어느 순간부터, 볼 때마다 아담이 떠올렸을 것입니다.

그리고 사탄은 사실 따 먹으면 죽지 않고 선과 악을 아는 일에 하나님과 같이 될 것이라고 하고, 이브가 선악과를 따가지고 와서 "선과 악을 아는 일에 하나님과 같이 될 수도 있다고 하니 나는 먹을란다." 하고 이브가 먹었을 때 이브를 꾸중하지 않고 자신도 같이 먹은 것입니다.

두 사람이 "죽으면 죽지 뭐, 죽지 않고 살아 있어봐야 허기는 채워지지 않고 죽지 않으려고 명령을 지켜본들 어쩜 비굴하기도 하고" 창조주의 생명을 필요로 했던 그들은 하나님을 불신했거나 '죽으면 죽지' 하는 절박한 심정 속에서 아담이 하나님의 명령을 어기었던 것입니다.

그 이후 하나님 앞에 나타날 수 없는, 더구나 변명할 마음도, 용서를 빌 마음도 전혀 없는 상태에서 하나님이 그들에게 내린 벌에 대해 한마디의 대꾸도 없이 하나님의 그늘에서 벗어나 그들만의 역사 속을 걸어갔던 것이고 이때부터 하나님은 아담을 이룬 환희를 접은 채 골고다의 십자가에 자신을 제물로 바칠 채비를 하시면서 양을 죽인 가죽으로 아담을 입히시고 그들이 떠나가는 등 뒤를 바라보며 그들을 위해 자신의 생명을 바쳐야만 그들 속에 살 수 있는 사랑이신 창조주의 운명을 확인하시며 그들을 위해 생명을 바쳐 그들 속에 사실 것을 기약하시며 골고다의 십자가에 달린 자신을 바라보았던 것입니다.
여기서 생명의 주인이시고 생명의 원천이신 사랑이신 하나님과의 단절이 바로 인간의 죽음임을 알 수 있고, 결코 다시는 단절될 수 없는, 시간을 넘어 사랑으로 하나 될 수 있는 길을 위해 자신의 생명을 바쳐야 할 사랑이신 창조주의 운명에 순종하기 위해 아담이 이브가 준 선악과를 먹는 순간부터 창조주로서의 영광을 접은 채 자신의 생명을 바칠 준비를 하셨던 것입니다.

인간을 위해 자신의 생명을 바쳐야 하는 자신의 운명을 하나님은 어떻게 받아들였을까요? 아브라함에게 독자 이삭을 바치라는 명령을 내리신 하나님을 통해 그 고뇌를 읽을 수가 있을 것 같았습니다. 그리고 십자가를 앞에 두고 이 잔을 옮길 수 있으면 옮기기를 기도하며 "제 뜻대로 마시고 아버지의 뜻대로 하소서라고 세 번 까지나 기도했던 것에서 창조를 다 이루기 위해 결국 자신의 생명을 바쳐야 하는 사랑이신 하나님의 고뇌를 읽을 수 있는 것입니다.

어쩜 자신의 생명보다 더 사랑하는 이삭의 몸에 하나님께 순종하여 칼을 꼽아 아들 이삭을 죽이려 했던 아브라함의 고뇌를 통해 자신의 생명을 아들 예수의 죽음을 통해 바쳐야만 하는 창조주의 운명을 받아들일 채비를 하게 된 것이 아닐까요?

아담을 탄생시켜 온갖 좋은 것으로 아담을 챙겼던 하나님께서 아담의 불복종으로 그와 단절된, 하나님의 쓸쓸함이 에덴에 그늘을 드리웠던 것이고 에덴을 떠나가는 아담의 뒷모습을 바라보는 하나님의 눈 속에 비친 골고다의 십자가를 홀로 짊어져야 했던, 나의 생명의 주인이시고 원천이신 하나님 홀로 인간에게 외면당한 채 그의 생명을 담보로 잡고 떠나가는 아담을 쓸쓸히 바라보고 있었던 것입니다.

15

사랑의 창조주와 능력의 창조주

하나님이 창조주가 되신 것은 하나님이 전능자이기 때문이 아니라 하나님이 사랑이기 때문입니다. 하나님의 능력은 사랑의 지혜의 산물이며 사랑을 실현하는 데 필요한 도구임을 알아야 합니다. 따라서 사랑의 도구로 능력을 사용하지 않는 것은 횡령이며 이것은 사랑의 향기를 맡을 수 없고 오직 최고의 능력만을 지향하는 사탄의 횡포인 것입니다.

우리는 남 보다 뛰어나길 바라다가 자칫 사탄의 동역자로 하나님의 역사를 거스를 수 있습니다.
선의의 경쟁이 사랑을 풍요롭게 하는 한 장려되어야 합니다. 그러나 자신의 뛰어남이 목적으로 잘못 흐른다면 악의 번성에 동참하는 것이 될 수 있습니다. 더구나 하나님의 능력을 자신의 뛰어남을 위한 도구로 삼는다면 하나님의 생명을 자신의 도구로 삼는, 하나님을 욕되게 하는 것임을 잊어서는 안 됩니다. 그런 유혹이 드는 순간 그런 유혹을 뿌리칠 수 있게 해 달라고 주님께 기도해야 합니다.

인간의 역사는 자신의 상대적인 뛰어남을 목적으로 삼는 악의 횡포 속에 더럽혀지게 되고 그로 인해 사랑의 역사가 아닌 힘의 역사로 잘

못 전락할 수 있습니다.

하나님은 우리를 뛰어난 능력을 갖게 하기 위해 생명을 주신 것이 아 닙니다. 뛰어난 능력은 이 땅의 삶을 겪지 않아도 하나님의 능력으로 제작될 수 있습니다. 마치 알파고 제로처럼,

우리에게 필요한 능력은 사랑의 지혜로의 능력입니다. 그 능력은 우 리의 이웃을 풍요롭게 하는 능력입니다. 나를 최고가 되게 하는 것이 아닙니다. 우리가 사는 사회 속의 모든 구성원이 행복하게 만들 수 있 는 능력인 것입니다.

하나님의 능력을 의지하는 것은 좋지만 반드시 하나님의 뜻을 이루 기 위해 하나님의 능력을 의지해야 하는 것입니다. 내가 뛰어나기 위 해 하나님의 능력을 의지하는 것은 좋습니다. 그것이 사랑이신 하나 님의 뜻을 이루는 데 보탬이 되는 것이라면.

하나님이 그의 전능성에 의해 창조주가 된 것이라면 모든 만물이 조 물주의 전능성에 의해 하나도 힘들이지 않고 생길 수 있는 것이므로 우리의 삶을 마음대로 즐기다가 그의 노리개 역할을 다할 때까지 살 다 죽으면 될 수도 있을 것입니다. 기독교의 성경 창세기에 기록된 대 로 모든 만물은 그의 전능한 능력에 의해 6일 만에 만들어졌고 인간 은 마지막 날 몇 시간 동안 만든 것이라 인간은 창조주에게 빚진 것이 별로 없는 것이 될 것입니다. 전능자의 즐거움을 위해 생긴 피조물이 한 평생 겪어야 하는 모든 어려움에 대해 신이 오히려 빚진 것일 수 있습니다. 그리고 창조주의 즐거움을 위해 생겨난 인간은 창조주의 즐거움에 상관없이 각자의 삶을 살고 싶은 대로 살면 되는 것입니다. 오히려 신에게 자신의 즐거움을 위해 피조물을 생기게 한 책임을 물 으면서 말입니다.

능력이 뛰어난 만큼 좋은 신이라는 보장이 없습니다. 피조물의 아픔이 창조주의 아픔이 될 수 있는 보장은 없는 것입니다. 물론 피조물의 즐거움이 창조주의 즐거움이 될 보장도 없고요.

전능한 창조주는 그의 능력만큼 좋은 신이 될 수도 있고 나쁜 신이 될 수도 있는 것입니다. 피조물과 인간이 하나의 운명일 보장이 없는 것이라 피조물이 어떤 삶을 살더라도 책임을 물을 수도, 심판을 할 수도 없습니다.

피조물이 마음에 들지 않으면 없애 버리면 되는 것입니다. 자신이 준 생명이라 자신이 거둬 가면 되는 것입니다. 전능하다고 해서 전능한 만큼 양심을 가졌다고 할 수 없으므로 마음에 들지 않는 피조물의 생명을 아무런 양심의 부담이 없이 거둘 수 있는 것입니다.
그의 심판의 기준은 자신의 즐거움에의 기여도에 의해 정해질 수 있는 것입니다.

오히려 신에게 항거하는 인간이 신에게 복종하는 인간보다 훌륭할 수 있는 것입니다.
신의 기준에 의해 사는 인간 보다 자신이 새운 기준에 의해 신과 독립적으로 살다가 그것을 싫어하는 신의 처분을 힘없는 피조물로서 받아들이고 사라지면 되는 것입니다.
살아 버티기 위해 신의 즐거움에 경쟁적으로 아부하는 자들만이 살아남아 신의 힘을 빌려 다른 이를 지배하고픈 또는 부를 축적하고픈 자들로 가득 찬 지옥이 될 것입니다.
신의 전능성이 신을 이룬다는 생각이 인간의 역사를 힘의 역사로 만들어 이 역사를 악의 역사로 만드는 것입니다.

노아의 홍수로 인간을 모두 수장시킨 신, 유황불로 소돔 고모라를 모두 불태워 화장시킨 신, 이집트에서 수많은 기적으로 이스라엘을 인도해 냈지만 자기 백성에게 배반당하는 신, 그리하여 역병으로 사랑하는 자기 백성들을 쓸어 버려야 했던 신, 온갖 맛있는 과실과 지상의 아름다움도 포기한 채 에덴을 떠나가는 아담의 뒷모습을 쓸쓸히 지켜보아야 했던 신,

모든 만물을 지었던 신은 피조물에 의해 전능자로 낙인찍혀 인간으로부터 모욕을 당했던 신.

전능자로 낙인을 찍었던 인간에 의해 이 역사는 힘의 역사로 전락해 버렸던 것입니다.

그러나 사실은 그렇지 않습니다.

인간의 타락을 수습하기 위해 신은 그의 생명을 바친 것이 아닙니다.

모든 만물을 짓기 전 창조를 완성하기 위해 창조주는 생명을 바쳐야 함을 성경 속에 기록하고 있습니다.

구약과 신약으로 되어있는 기독교의 성경의 구약은 창조주의 생명 바침이 열매를 이룰 수 있는 때가 되면 생명을 바칠 것을 기록한 책이고 신약은 창조주가 이 땅에 와 생명 바친 것을 기록한 책인 것입니다.

피조물을 위해 생명을 바치기 전에는 창조주와 피조물이 사랑으로 하나 될 운명 속에 있음을 알지 못합니다.

창조주는 긴긴 4천 년의 세월 속에 인간을 위해 자신의 생명을 바쳐 인간 속에 자신의 생명인 사랑의 영을 심을 준비를 하셨던 것입니다.

하나님은 자신의 생명을 바치며 이제는 다 이루었다고 선포시며 4천 년의 준비를 마무리했던 것입니다.

그리고 이 땅에 와 얻은 제자들을 통해서 자신의 죽음을 만물이 지어

지기 전에 예정된 것이고 자신의 죽음을 통해 자신의 아들들을 탄생
시킬 것을

"모든 만물을 짓기 전 예수 안에서 우리를 택하사 예수로 말미암아 하나님의
아들들이 되게 하셨으니"

<신약 에베소서 1장>

라고 말씀하셨던 것입니다.
모든 만물을 있게 한 근원이 사랑임을

"사랑하는 자는 하나님께로서 나서 하나님을 알고 사랑하지 않는 자는 하나
님을 알지 못하나니 하나님은 사랑이심이라"

<요한 1서 4장>

라고 말씀하셨던 것입니다.
우리는 사랑의 소유물이고 사랑에 의해 생겼고 사랑을 위해 살아가
는 것입니다.

아무리 힘든 일이 있더라도 우리에게 주어지는 모든 것이 사랑을 위
해 주어짐을 알아 사랑에 의해 나의 품에 안겨오는 오늘을 가슴속에
벅차게 안고 열심히 살아야 하는 것입니다.

지금까지 글을 써보지도 않았고 쓸 줄도 모르는 제가 중언부언하며 썼습니다. 이 글을 써야만 이 땅의 삶을 마무리할 수 있을 것으로 생각되어 쓴 것입니다. 진실로 이 글을 제가 쓰길 주님이 원하는 것이길 바라면서 쓴 것입니다.

이 글을 읽는 분들이 꼭 알았으면 하는 것을 요약하여 쓰고 이 글을 마무리하겠습니다.

1. 하나님은 모든 존재를 생기게 하는 근원이다.
2. 나는 나의 모습과 행위를 통해 인식되지만 나의 모습과 나의 행위가 나인 것은 아니듯이, 예수님의 모습은 하나님의 모습이고 예수님의 행위는 하나님의 행위인 것이다. 그러나 예수님은 모든 존재의 근원은 아니다. 하나님이 없으면 예수님이 없고 예수님이 없으면 하나님은 표현될 수 없다.
3. 보이는 하나님은 예수님이다. 존재의 근원이 표현된 분이 예수님인 것이다.
4. 표현되기 이전의 존재의 근원은 사랑이다.
5. 예수님은 표현된 존재의 근원이므로 사랑의 표현체이다.

6. 예수님의 행위는 하나님의 행위이므로 예수님의 죽음은 하나님의
죽음이다.

7. 스스로 존재할 수 있는 자가 없이는 스스로 존재할 수 없는 자가 생
길 수가 없다.

8. 스스로 존재할 수 없는 자는 스스로 존재하는 자가 어떻게 존재할
수 있는지 알 수 없을 수 있다.

9. 존재라는 형식은 그 형식이 담는 내용에 의해 결정된다.

10. 예수님은 사랑이신 하나님을 담기 위한 형식이다.

11. 존재로 표현된 인간 또한 그 속에 담을 내용에 의해 결정되는 형식
이다.

12. 나로 표현된 형식은 나라는 형식 속에 담기 위한 내용을 담기 위
한 형식이다.

13. 인간이라는 형식은 그 형식을 생기게 한 사랑을 담기 위한 집이다.
그러기 위해 하나님이신 사랑을 담고 있는 형식인 예수를 모심으
로서 사랑이신 하나님을 담을 수 있다.

14. 존재의 근원으로서의 사랑이신 하나님은 예수를 통하지 않고는
인간 속에 자리 잡을 수 없다.

15. 하나님은 예수 안에 계신다. 예수라는 하나님의 형식 속에 담긴 내
용이 사랑이신 하나님이시다.

16. 예수님 안에 계신 존재의 근원이신 하나님은 피조물과 사랑으로
하나 되기 위해 자신의 생명을 바쳐야만 한다.

17. 하나님이 바쳐야 하는 생명이라는 형식은 하나님의 형식인 예수
의 생명이다.

18. 하나님이 자신의 생명을 바치는 길은 바로 예수의 생명을 바치는
것이다.

19. 나의 생명을 제물로 바치는 것은 나를 담고 있는 형식인 산 몸을
제물로 바치는 것이다. 형식 이전의 나를 바칠 수는 없는 것이다.

20. 하나님의 행위는 모두 그의 표현체인 예수를 통해 이루어진다. 예수를 통해 이뤄진 모든 것은 하나님이 하신 것이다. 모든 만물 또한 예수를 통해 지어졌다. 나 또한 예수를 통해 생겨난 것이다. 물론 당신도.

21. 진리는 그 진리가 담고자 하는 내용을 수용하는 그릇 또는 체계이다. 담아야 할 내용을 담지 않는 그릇은 텅 빈 그릇, 텅 빈 진리로서 담을 가능성이 없는 것으로 결정될 때 폐기 처분된다.

22. 사랑이신 하나님의 모든 내용을 담을 수 있는 유일한 진리는 예수이시다.

23. 예수님 속에 담겨진 모든 사랑의 내용물은 그 사랑의 내용물을 담을 수 있는 수많은 진리 속에 흘러내려 담겨진다.

24. 그 내용을 받아 담은 각 진리들은 그 내용물을 생명의 원천으로 하는 사랑의 가지를 자라게 하고 꽃피우고 열매 맺는다. 꽃과 열매의 종류는 정해져 있을지 모르지만 그 꽃을 얼마나 아름답게 피우며 얼마나 맛있는 열매를 맺을 것인 지는 농부 되신 하나님의 뜻을 받들어 가지가 자라도록 양분을 공급하시는 주님과 얼마나 아름다운 교통을 하는가에 달려 있을 것이다. 이것은 하나님께서 강제해서는 안 되는 것이라 얼마나 아름다운 꽃이 피며 맛있는 열매가 맺힐지는 하나님도 모르는 것이다. 하나님께서도 간절한 기도를 올리고 있을 수 있는 것이다. 말하자면 성령의 간절한 기도가 있을 수 있는 것이다.

25. 그분을 통하여 생겨진 예수님이 우리에게 주신 가장 큰 계명은 우

리의 생명이 사랑에 의해 사랑을 위해 지어진 것이라는 것, 사랑이 내 생명의 주인이라는 것. 그리하여 내 생명보다 사랑을 우위에 두어야 한다는 것.

26. 예수께서 주신 둘째 계명은 이웃을 내 자신으로서 사랑하는 것, 그리하여 이웃을 통해 내 생명의 주인이신 사랑의 꽃을 피우고 열매 맺는 것.

27. 천국 공간은 마음의 공간.

28. 진짜 공간은 그 공간 안에 있을 때 진짜 있는 것이 되는 공간.

29. 진짜 있는 것이란 있어야 할 확고한 근거 속에 있는 상태이고 그 근거는 있음을 유발시킨 근원적 사랑에 기반을 두는 것이므로 영원 없어질 수 없는 상태로 있는 것이다.

30. 천국의 아름다움은 그 천국에 속한 사람들에 의해 생겨난다.

31. 천국은 하나님의 자녀들의 유기체로 정의될 수 있다.

32. 하나님의 자녀들이란 사랑이신 하나님의 영을 모시고 있는 자들로 정의될 수 있다.

33. 하나님의 영을 예수를 통해 모신 자들의 집합체가 천국이다.

34. 예수와 하나 된 자는 예수와 사랑으로 하나 된 자를 의미한다.

35. 예수와 사랑으로 하나 되기 위해 예수께서 주신 계명을, 그 계명이 너무 좋아 다윗처럼 지키고 싶어 하면 물론 좋겠지만, 자신을 하나님의 자녀로 이루기 위해 생명을 바쳐야 하는 사랑의 운명 속에 만물을 짓고 생명을 바친 하나님이 주신 계명이므로 아무리 싫어도 하나님의 생명 바침이 헛되지 않게 하기 위해 기를 쓰고 지키려고 하는 그 애씀이 예수를 향한 사랑의 고백이 되어 예수와 하나 된 자들의 유기체가 천국인 것이다.

36. 천국은 천국을 가고 싶어 하는 자들이 가는 곳이 아니라 이웃의 천국이 되고 싶어 하는 자가 천국을 이루는 것이다.

37. 다른 사람이 나의 천국이 되길 바라는 자가 천국에 속하는 것이 아니고 내가 다른 이의 천국이 되고픈 자들이 천국이 되어 이뤄진 곳이다.

38. 이웃을 위한 좋은 거름으로 발효되고픈 자들의 모임인 천국이 되는 것이고 천국의 아름다움은 그들이 피운 꽃의 아름다움이고 열매의 달콤함도 그들이 사랑의 거름이 되어 맺혀진 열매의 달콤함인 것이다.

39. 하나님의 계명은 사랑의 계명이기 때문에 나를 위해 생명 바친 주님의 사랑 때문에 애써 지키려고 할 때 주님과 하나 되고 주님께서 나와 함께 멍에를 지면서 그 계명을 자연스럽게 지킬 수 있는 상태로 성숙시켜 하나님의 성숙한 자녀로 이루는 것이다.

40. 그리하여 이웃을 위해 정말 좋은 거름으로 발효되고픈 갈망이 내 속에 심겨지고 이웃을 위해 내 생명을 바칠 수 있는 영광을 꿈꿀 수 있게 되는 것이다.

41. 죄의 상태는 존재의 근원인 하나님이신 사랑의 영이 내 안에 거하지 않은 상태로 정의된다.
42. 영원히 존재할 가치를 가진 내용을 품지 않은 상태가 바로 사랑의 영을 품지 않은 상태로서 죄의 상태이다.

43. 하나님은 자신의 생명을 바쳐 사랑으로 하나 되는 길 외는 결코

자신에게 용납하지 않으신다.

44. 하나님은 자신의 생명을 바쳐 인간을 향한 사랑을 고백하여 그 고백을 진실로 받아들이는 인간 속에 자신의 영을 예수를 통해 심으신다.

45. 그리하여 처음부터 죄 없는 인간을 창조할 수 없는 것이다. 십자가에 자신의 생명을 제물로 바침으로써 비로소 창조의 과정을 다 이룬 것이다.

46. 죄가 인간 속에 들어온 것은 하나님의 영이 인간 속에 거할 수 있는 하나님의 처소를 최초로 가지게 된 아담이 탄생하면서 인 것이다. 죄에서 벗어날 수 있는, 즉 하나님의 영을 인간 속에 모셔 영원히 존재할 가치를 담을 수 있는, 최초의 인간 아담을 이루었을 때인 것이다.

47. 인류의 조상 아담이 하나님이 거하실 처소에 하나님을 모시는 길은 하나님이 생명을 바치는 것이다. 아담은 태어나면서 하나님의 생명을 담보로 잡은 것이 되는 것이다.

48. 기독교의 성경의 창세기 1장에 의하면 태양이 온전히 이뤄진 것은 6일 중 4일째이다. 태양이 온전히 이루어지기 전에도 산재한 빛에 의해 식물이 자랄 수 있는 것으로 기술되어 있다. 확실한 것은 태양이 있기 전의 하루도 있으므로 창세기의 하루는 시생대, 고생대, 중생대, 신생대 등으로 구분되는 시대의 한 구간으로서 몇 억년이 될 수도 있는 하루인 것이다.

49. 창조의 목적은 하나님의 자녀를 통해 사랑이신 창조주의 뜻을 이루

는 것이기 때문에 인간이 살 수 있는 모든 환경을 마련한 후 인간을 긴긴 진화의 방법을 통해 인간을 창조한 것으로 생각할 수 있는 것이다.

50. 예수께서 인간의 몸을 통해 태어나듯이 아담도 인간의 몸을 통해 태어났지만 하나님의 적극적인 개입을 통한 최고의 진화를 통해 창조된 것이다. 물론 아담의 아버지는 하나님의 영을 모실 수 있는 처소를 온전히 갖지 못했다고 해야 할 것이다. 아담이 930살까지 살았다(노아 홍수 이전 하늘 위의 물이 쏟아지기 전에는 평균 900 살 정도를 살았음. 홍수 이후 태어난 자의 수명을 120살로 한정시켰음)고 성경은 기록하면서 아담의 태어난 것임을 나타내신 것으로 볼 수 있는 것이다. 여인의 몸을 통해 아담을 창조한 것이다.

51. 하나님처럼 되고파 하나님의 명령에 불복하여 선악과를 따먹는 순간, 하나님은 자신의 생명을 제물로 바칠 준비를 하셨음.

52. 생명의 희생이 없는 제사를 통해 인간과의 만남을 거부한 하나님은 자신의 생명 바침 없이는 인간과 하나 되는 것을 자신에게 허락할 수 없음을 나타낸 것입니다.

53. 내가 친구를 사랑하여 생명을 바치고 친구가 그 사실을 알았을 때 나의 영이 그 친구 속에 살 수 있는 길이 있지 않을까? 예수께서 자신의 생명을 바쳐야만 그 사실을 확실히 믿어 하나님의 계명을 지키려고 애쓰는 자에게 하나님의 영(성령)을 심을 수 있는 것이다.

54. 존재의 근원으로서의 사랑이신 아버지 하나님, 아버지 하나님의 말씀, 표현체, 진리로서의 아들 하나님, 아들을 통해 생명 바친 하

나님의 사랑의 고백을 통해 하나님의 계명을 지키고자 애쓰는 모든 하나님의 자녀들 속에 거하시는 하나님이신 성령하나님.

55. 하나님의 영의 처소를 가진 인간이 하나님의 영을 모시지 못한 상태인 죄의 상태에서 하나님의 영을 심어 죄에서 벗어나게 하기 위해 생명을 제물로 바치기 위해 자신이 지은 피조물인 인간으로 이 땅에 태어나신 예수님이 세상 죄를 짊어지고 가는 하나님의 어린 양.

56. 하나님의 진리는 사랑의 진리이기 때문에 그 진리가 하나님의 진리임을 알고 믿는 것만으로는 그 진리가 가진 내용을 인식할 수 없고 그 사랑의 진리가 시키는 대로 실천해야 그 진리가 담을 내용을 품을 수 있다.

57. 행함이 없는 믿음은 죽은 믿음이다. 그렇다고 행함의 대가로 구원(죄에서 벗어남)이 주어지는 것은 아니다. 하나님의 날 향한 생명 바친 사랑의 고백으로 말미암아 진리의 명령대로 행하려고 애쓰는 그 애씀이 나의 하나님을 향한 사랑의 고백이 되어 하나님과 내가 사랑으로 하나 되어 죄에서 해방되는 것이다.

58. 예수께서 내 죄를 대신 짊어졌기 때문에 그 사실을 확실히 믿기만 하면 죄가 없어지는 것이 아니다. 믿는다고 죽음이 넘볼 수 없는 영원히 존재할 가치를 가진 내용이 내 속에 품어지는 것은 아니다.

59. 예수님이 짊어지고 가는 죄의 짐에 나의 죄를 내려놓으면 내 죄가 없어지는 그런 죄를 주님이 짊어지고 가는 것이 아닌 것이다. 나를 영원히 존재할 가치를 지닌 하나님의 자녀로 이루기 위해 하나님의 나를 향한 사랑의 고백의 제물로 예수님의 죽음을 받아들일

때 그리하여 그가 주신 계명을 이웃을 향해 지키려고 애쓸 때 주
님이 나와 멍에를 같이하여 하나님의 자녀로 빚어지는 것이다.

60. 하나님의 계명을 지킬 수 있는 상태는 사랑을 생명의 근원으로
삼아 이웃을 내 자신으로서 사랑할 수 있는 상태이다. 이 상태는
믿음으로서 만은 결코 이루어지지 않는다. 주님의 나를 향한 사랑
때문에 지키려고 애쓸 때 가능한 것이다. 그렇다고 지키는 대가로
구원을 받거나 천국에 들어갈 수 있는 것은 아니다.

61. 내 생명보다 나에게 소중한 것은 사랑이신 하나님이다. 사랑이신
하나님을 위해 내 생명이 존재한다. 그리하여 하나님의 사랑을 실
어 나르기 위해 내 생명이 있다. 따라서 이웃에게 사랑을 배달하는
것은 나의 생명보다 나에게 소중한 것이다.

62. 하나님이 나를 생기게 했지 내가 하나님을 생기게 한 것은 아니
다. 따라서 내가 하나님을 위해 있는 것이지 하나님이 나를 위해
있는 것은 아니다. 하나님을 위해 내가 있을 때 가장 나를 위해 있
는 것이 된다. 하나님은 사랑이시므로 사랑을 위해 내가 있을 때
나를 위해 진짜 있는 것이다. 사랑을 위해 내 생명을 바칠 수 있다
면 나의 생명은 가장 큰 영광을 누린 것이다. 예수님이 사랑의 고
백의 제물로 바쳐질 때 가장 큰 영광을 받았듯이.

63. 하나님은 모든 만물을 생기게 할 수 있는 능력이 있지만 그 능력
은 사랑의 지혜에서 나온 것이다.

64. 하나님이 전능하다는 것은 할 수 없는 것이 없다는 것은 아니다.
하나님이 할 수 없는 것이 다음과 같이 많다. 내가 하나님을 사랑

하게 만드는 것. 자신의 생명을 바치지 않고 인간과 하나 될 수 있
는 것. 처음부터 죄가 없는 인간을 창조하는 것. 하나님의 자비로
죄인을 천국에 끌어올리는 것. 하나님의 능력은 사랑의 지혜에서
나온 것이므로 사랑과 모순되는 것은 할 수 없다. 사랑에 관한 한
하나님의 능력으로 할 수도 없고 해서도 안 된다.

65. 하나님은 완전한가?라는 질문에 대해, 스스로 계시는 하나님이
어떻게 스스로 계시는지 알 수 없는 피조물이 판단할 수 없다. 그
러나 도구적 개념인 능력의 잣대로 하나님의 완전성을 판단해서
는 안 된다. 그것은 하나님을 도구로 끌어내리는 하나님에 대한
모독이다.

66. 하나님은 사랑이시므로 완전하신 사랑인지 하나님께 물어볼 수
있을 것이다. 만일 하나님이 완전하시다면 사랑으로서 완전할 것
이다. 어떤 사랑이 완전한 것인지 알 수 없지만 하나님은 모든 만
물을 생기게 할 수 있는 지혜를 가진 사랑이시고 피조물과 하나 되
기 위해 자신의 생명을 바친 사랑이시며 그 사랑에 의해 우리가 생
겨난 것이다.

67. 전능자로 하나님을 만나는 것은 하나님의 본질을 훼손시키고 모
독하는 것일 수 있다. 하나님은 전능하기 때문에 하나님인 것은
아니다. 하나님은 모든 만물을 생기게 할 수 있는 사랑이기 때문
에 하나님인 것이다.

68. 창조주가 되기 위해 반드시 갖춰야 할 필요조건은 한 피조물이 잘
되는 것이 다른 피조물이 잘 되는 것이 되도록 할 수 있는 것이다.
내가 잘 되는 것은 내가 사랑하는 자가 잘 되는 것이므로 모든 피

조물이 사랑으로 엮어져야 한다. 그러기 위해서는 한 피조물이 다른 피조물을 자신 보다 소중히 여겨야 한다. 이웃을 향한 사랑을 자신의 생명보다 소중히 여길 수 있도록 만들 수 있는 길을 가지고 있어야 한다.

69. 신이 얼마나 많은지 모르지만 창조주로서의 신은 모든 피조물 속에 사랑할 수 있는 마음을 심을 수 있는 신이다.

70. 창조주 하나님이 어떻게 우리 속에 이런 사랑을 심을 수 있는지를 우리는 안다. 자신의 생명을 바치므로써다.

71. 우리 속에 심은 사랑의 마음 밭에 자라는 나무가 어떤 꽃을 피우고 열매 맺을지 하나님은 마음 졸이며 지켜볼 것이다. 모든 사랑의 마음 밭에 핀 꽃이 마음속의 공간인 천국에 필 것이고 열매 맺을 것이다. 사랑의 영을 모신 모든 하나님의 자녀들이 이 땅의 삶을 살며 사랑의 밭인 이웃에게 뿌린 사랑의 씨앗이 자라 천국에 그 꽃을 피울 것이다.

72. 천국은 마음의 공간이므로 천국의 빛은 마음에 비친 빛이다. 마음의 빛은 마음을 밝히는 진리다. 따라서 천국의 빛은 진리다.

73. 마음을 따뜻하게 하는 것은 사랑이다. 따라서 천국의 열은 사랑에서 뻗어 나온 에너지라고 할 수 있다.

74. 열과 빛으로 모든 만물을 자라게 하는 것이 태양이다. 천국에서의 열과 빛의 근원이 되는 태양은 하나님의 표현체인, 사랑이신 하나님을 품고 있는, 이 땅에 와 십자가에 제물로 바쳐진 예수님이시다.

75. 자연계에서는 선인과 악인에게 구분 없이 태양이 비추지만 마음
의 공간인 영계에서는 진리로 마음을 밝힐 수 있는 자에게만 주님
에게서 나온 빛을 받을 수 있는 것이다. 또한 마음이 참된 사랑으
로 따뜻해질 수 있는 자만 주님에게서 나온 열을 받을 수 있는 것
이다.

76. 모든 사물을 빛을 통하여 본다. 영계에서는 영계의 빛인 진리로
본다. 따라서 영계에서의 시력은 얼마나 깊고 많은 진리를 주님에
게서 받을 수 있는지에 따라 결정된다. 우리가 사고할 때 재료가
되는 진리들을 통해서이다. 따라서 영계에서의 시력은 사고력이
다. 주님에게서 일체의 진리를 받지 못한다면 아무것도 볼 수 없
는 맹인이 되는 것이다.

77. 진리를 수용할 수 없는 악과 거기서 나온 허위만으로 이뤄진 지옥
에 있는 자들은 일체의 빛과 열을 받을 수 없어 지옥은 천국에 있
는 자가 보면 깜깜하고 싸늘하다.

78. 나의 영이란 마음의 공간 안에 있는 나이다.

79. 영의 세포는 마음을 이루는 물질로 되어있다.

80. 영의 세포는 하나님의 말씀이 공급하는 양분에 의해 지탱된다.

81. 영의 세포는 그 세포 속에 담을 내용을 담는 장소다.

82. 영의 세포는 영의 피에 의해 그 양분을 공급 받는다.

83. 영의 피는 영의 심장에 의해 공급된다.

84. 영의 피는 영의 폐에 의해 영의 산소를 공급 받는다. 영의 산소는
영의 세포를 살아 있게 하고 하나님의 말씀을 통해 섭취된 양분은
세포의 내용물을 만든다.

85. 영의 세포들은 그 안에 사랑의 선을 담는 진리들이다. 그리하여 영의 폐는 그 세포인 진리들이 제공하는 사고력을 담당하고 심장은 그 진리인 세포 안에 사랑의 선을 담당한다.

86. 영의 세포인 진리들과 그 진리가 담은 내용물인 사랑이 하나 되어 온전한 세포가 되어 사랑의 에너지를 발산하는 것이다. 이것은 영계에서만 이루어지는 것이 아니다. 나로 하여금 나이게 하는 나의 영은 이 땅에 살아 있을 때나 사후에도 같이 있으므로 지금도 끊임없이 내 마음의 공간에서 지속되고 있는 것이다.

87. 우리는 이 세상의 삶을 통해 많은 진리들을 습득하며 나의 영의 세포를 형성하며 그 세포 속에 어떤 이는 악을 어떤 이는 선을 담는 것이다.

88. 우리 몸은 이 땅의 삶이 끝나면 흙으로 돌아가지만 그 몸을 도구로 쓰던 주인인 영은 시간을 넘어 마음의 공간에 존재하는 것이다. 그 영을 생기게 한 영의 주인 되신 사랑이신 하나님께서 만물을 있게 한 그 뜻을 다 이룰 때까지는.

89. 마음의 공간에 있는 물은 양분은 아니지만 마심으로써 영의 외면과 내면의 때를 씻기는 회개의 말씀으로 생각할 수 있다.

90. 천국의 공기는 진리의 세포를 살 수 있게 하고 지옥의 공기는 허위의 세포를 살게 하는 것이다. 천국에 있는 것이 자신에게 맞는 자는 천국에, 지옥에 있는 것이 자기에게 맞는 자는 지옥에, 하나님의 강요에 의해서가 아니라 자유롭게 선택하여 가는 것이다. 이웃을 자신보다 사랑하는 자들이 숨 쉬는 공기를 자신이 최고가

되고픈 자들이 마시면 질식하는 것이다. 그들은 살기 위해 지옥을 선택하지만 거기는 자신처럼 가장 높아지고 싶어 하거나 가장 많이 가지고픈 자들에 둘러싸여 있게 되어 그야말로 지옥의 삶을 살아야 하는 것이다.

91. 하나님은 천국의 설계도만 가지고 만물을 창조한 것이다. 누구도 지옥을 선택하는 것을 원치 않는다. 지옥에서 시달리는 영혼을 보며 가슴 아파할 것이지만 하나님은 지옥을 선택한 자를 자비로 천국을 선택하도록 할 수 없는 것이다.

92. 우리는 이 땅 위에 몸으로 사는 것이 아니다. 그 몸을 도구로 하는 우리의 마음속에 있는 영으로의 삶을 사는 것이다. 영의 심부름꾼으로서의 이 땅의 삶을 살다가 몸은 노쇠하여 결국 한 줌의 흙으로 돌아가는 것이다. 마치 애벌레의 허물처럼.

93. 우리가 이 땅에서 쌓은 물질은 결국 나의 것이 아니다. 물질은 우리의 영속에 쌓이지 않는다. 그러나 이 땅의 삶을 통해 영 속에 축적된 것은 하나도 남김없이 영원히 내가 가져간다.

94. 자연 공간은 마음의 공간을 위해 있는 것이다. 자연계의 물질로 되어있는 우리 몸은 언젠가는 한 줌의 흙으로 변할 것이므로 우리 몸속에는 시간을 넘어서 보존되어야 하는 것은 저장되지 못 한다. 이 땅 위에 사는 모든 시간 동안 몸을 통해 흡수되어, 시간을 넘어 저장되어야 하는 것은 우리의 영 속에 하나도 잃어버리지 않고 켜켜이 쌓이는 것이다. 이 쌓인 것이 하나의 포괄적 상태를 이루어 시간이 배제된 상태공간을 이루는 것이다.

95. 영계는 마음의 공간이기 때문에 영계에서의 거리는 영속에 싸인 내용의 유사성에 따라 결정된다. 마음으로 가장 가까운 사람은 자기가 가장 사랑하고 그 사랑을 공유할 수 있는 자이므로 가까이 있거나 아예 하나가 되는 것이다. 반면에 지옥도 자기와 유사한 영들끼리 모이므로 가장 악한 자들은 가장 악한 자들에 둘러싸여 있게 된다.

96. 천국은 자신이 사랑하는 이웃에 의해 둘러싸여 있다. 자신의 생명을 이웃을 위한 거름으로 쓰고픈 천국의 높은 곳에 있는 자들이 얼마나 행복하게 살 수 있는지 짐작할 수 있다. 그들은 주님의 빛과 열을 많이 받아 빛과 열을 이웃에게 내뿜게 될 것이다.

97. 이 땅에서는 악한 자와 선한 자에 구분 없이 모든 자연의 혜택을 누릴 수가 있고 아름다운 풍경을 바라볼 수 있고 좋은 책을 읽을 수가 있고 아름다운 음악을 들을 수가 있고 좋은 이웃과 나쁜 이웃을 가질 수가 있다. 나쁜 이웃을 나의 사랑으로 변화 시킬 수도 있고 아름다운 풍경을 통해서, 좋은 음악을 통해서, 좋은 책을 통해서, 좋은 친구를 통해서, 배우고 깨달으면서 변화되어 갈 수 있다. 하지만 영계는 그렇지 않다. 자기와 비슷한 사람들끼리만 모이고 악한 자는 자신이 가장 좋아하는 더러운 음악을 아름다운 음악으로 선택하게 되어 그 영이 정화되거나 배울 길이 없는 것이다. 악한 자는 사랑과 진리의 태양이신 주님의 빛을 받을 수도 없는 것이다.

98. 시한부 삶인 이 땅의 삶을 통해서 하나님의 뜻을 온전히 이룰 수가 없을 수도 있을 것이다. 하나님의 능력으로 그렇게 만들 수가 없기 때문이다. 이 땅의 삶을 마친 후 그가 지옥을 선택하지 않는

다면 그 영이 정화되고 그 속에 사랑을 담을 수 있는 진리의 세포를 살려 그 속에 사랑을 담을 수 있는 길이 열려 천국을 이룰 수도 있을 것이다.

99. 위의 모든 것은 이 땅에 와 자신의 생명을 제물로 바쳐 창조주의 뜻을 완성할 수 있는 기틀을 마련한 주님을 통해서이다. 만일 당신이 이 땅의 삶을 마치고 궁극의 공간인 영계에 갔을 때 빛이 비치거나 따스함이 느껴지면 그 빛과 따스함이 당신을 하나님이신 사랑의 자녀로 이루기 위해 생명을 바친 주님에게서 온 것임을 죽더라도 생각날 수 있도록 명심, 명심, 또 명심해야 할 것이다. 그러면 당신은 언젠가 하나의 천국을 이루게 될 것이다.

100. 우리를 생기게 하고 이 땅에 사는 동안 필요한 모든 것을 사랑과 자비로 공급하시고, 우리가 하나님의 자녀가 되게 하기 위해 생명 바친 하나님의 어깨 위에, 세상 죄를 짊어지고 가는 어린 양이신 예수를 믿는 믿음만으로 죄의 짐을 공짜로 내려놓을 수 있다는 생각을 하는 것은 너무 이기적이다. 이런 이기적인 인간을 이루는 것은 결코 하나님의 뜻은 아니다. 예수께서 나의 죄를 짊어지고 대신 십자가에 못 박힌 사실을 믿기만 하면 죄가 없어진다는 어이없고 이기적이고 파렴치하기까지 한 공짜를 좋아하는 자들이 모인 곳이 어찌 천국이 되겠는가?

이 잘못된 신앙은 아마도 예수의 죽음을 하나님 자신의 죽음으로 인식하지 않는 데서 온 것으로 알고 있다. 내 죄를 대신하여 생명 바친 하나님의 아들 예수님에게 부탁하면 아들이신 예수께서 아버지께 속죄물로 바쳤음을 아룀으로써 자신의 죄가 없어질 수 있다고 생각하는 데서 온 것으로 알고 있다. 그러나 예수님의 죽음은 하나님 자신의 죽음이다. 나를 하나님의 자녀로 이루기 위해 생명 바친 하나님 앞에 하나님을 믿으므로 자기의 죄를 없애 달라고 하는 것은 엄청나게 이기적인 행위이다. 이 때문에 기독교를 통해 엄청나게 많은 이기적인 인간이 생겨난 것이다.

내 죄를 나 위해 생명 바친 주님에게 전가시키는 자가 어떻게 이웃을 위해 거름으로 발효 되고 파 할 수 있는 하나님의 자녀가 될 수 있겠는가?

101. 값없이 은혜로 구원을 받았다는 사도 바울의 말씀에 기인 한 측면도 있다고 생각된다. 구원을 받은 상태는 이웃을 내 자신으로 사랑할 가능성을 확보한 상태라고 할 수 있다. 사랑이신 하나님의 영이 내 속에 거하시는 상태인데 내 속에 창조주의 영을 품을 만한 대가를 받을 수 있는 선한 행위를 피조물인 인간이 할 수 없는 것이다. 구원이 어떤 대가로 주어지는 것이 아니라 내가 하나님의 계명을 지킬 수 있는 하나님의 자녀로 탄생시키기 위해 피조물과 사랑으로 하나 되기 위해 생명을 바친 그 희생이 헛되지 않게 하기 위해 하나님이 주신 계명을 애를 쓰고 지키려는 피조물의 창조주를 향한 사랑의 화답에 의해 하나님과 하나가 되어 피조물 스스로가 구원의 길을 찾을 수 없어 주님이 나와 함께 멍에를 지고 이웃을 자신으로 사랑할 수 있는 구원의 길로 인도하는 것이다.

102. 창조주가 인간의 몸에 심은 가장 큰 희열은 그것을 통해서 아이가 태어날 수 있는, 그리하여 그 아기를 낳기 위해 가장 큰 산통을 겪어야 하는 나누어진 한 몸인 부부의 몸의 결합이다. 그러나 이 몸이 자아낼 수 있는 가장 큰 희열이 삶의 구심체가 되어 영인

인간이 도구인 육체의 노예가 되어서는 안 됩니다. 이 때문에 인
간 지음을 한탄하여 지상에서 인간을 노아의 홍수로 쓸어버린 적
이 있었고 소돔 고모라를 유황불로 전소 시킨 것입니다.

103. 몸은 영이 이 땅에서 활동할 수 있게 하는 연장이다. 몸에서 빚어
지는 희열이 영의 희열과 연결되려면 서로를 위해 자신을 희생할
수 있는 상태가 되어야 영의 희열로 연결된다. 오늘날 영의 희열
로 연결되지 않는 몸의 희열을 추구하는 자들에 의해 역사는 썩
어간다.

몸의 희열을 추구하는 자들로만 있는, 그리고 그 쾌락의 노예가
되어 벗어날 수 없는 자들로 가득 찬 지역은 현대의 소돔과 고모
라이며 그들에 의해 그 어린 자녀도 재앙을 면치 못할 수가 있는
것이다.

104. 이 역사는 사랑이신 하나님이 생명 바쳐 하나님의 자녀를 탄생
시키는 밭이다. 역사의 힘든 밭을 부부와 함께 자식을 낳고 키워
야 하는 그 모든 힘든 일을 감내할 수 있도록 몸속에 아름다운 선
물을 심어 두었지만 노쇠하면 사라지는 몸의 희열을 위해 이 역
사가 있는 것은 결코 아닌 것이다. 영의 희열은 깊이가 끝이 없고
그 희열은 영원하고 그 희열을 통해 마음속에 아름다운 꽃이 피
어 천국의 아름다움을 이루는 것입니다.

105. 존재는 사랑을 품기 위해 있다. 진리도 옳음도 궁극은 아니다. 그
것들 또한 대서사시 같은 아름다운 사랑을 담기 위한 그릇이다.
무엇을 하든지 사랑을 위하여 해야 한다.

공부를 하는 자도 이웃을 향한 사랑으로 이웃의 삶을 풍요하게 하기 위하여, 음악을 만드는 자도, 연주를 하는 자도 다른 사람보다 잘하기 위해서가 아니라 모두에게 음악의 아름다움을 자신의 최선을 다해 선물하기 위해, 경기를 하는 자도 관중을 열광시켜 그들의 하루를 행복하게 만들기 위해 경기에 최선을 다해 임하고 최선을 다한 자신보다 더 잘하는 선수에게 둘이 힘을 합쳐 많은 관중들을 더욱 열광하게 할 수 있었던 것에 진실로 박수를 치며 상대의 실수를 기대하지 않고 최선을 다해 경기에 임하며 fair play를 하면 주님도 그 관중 속에서 그 게임을 즐길 것이다.

천국에서도 주님이 보고파 이 땅에서 보다 훨씬 멋진 경기가 펼쳐질 수 있을 것이다.

106. 힘의 역사가 아닌 사랑의 역사가, 몸의 쾌락이 아닌 영혼의 희열이 역사를 주도하여 우리가 사는 이 지구가 사랑이신 하나님께 아름다운 제물로 바쳐질 수 있기를.

당신의 이 땅의 삶이 끝나 당신의 영이 거하는 마음의 공간에서 깨어나 밝음과 따스함을 느낄 때, 그 빛과 온기가 자연의 태양에서 비친 것이 아니라, 당신의 삶을 시작하시고 당신의 사랑이신 하나님의 자녀로 이루기 위해, 이 땅에 인간으로 태어나 그 생명을 하나님의 사랑의 고백의 제물로 바친, 마음의 태양이신 주님으로부터 오는 것임을 결코 잊지 않기를 명심, 명심, 또 명심하시길 간곡히 부탁드립니다.

주님이 마음의 태양이란 진리를 잊지만 않는다면, 자신의 잘못된 욕심에 삼켜진바 되어, 하나님의 자비로도 어쩔 수 없는, 지옥을 향하여 가는 처절한 생명이 되지 않는 한, 천국의 길로 당신을 인도할 것입니다.

부디, 부디, 부디, 당신을 하나의 아름다운 천국으로 빚기 위해 생명 바친 창조주의 당신을 향한 사랑의 고백을 받아들여 당신의 마음속에 천국을 이루시길 기도 올리며 이 글을 맺습니다.
사랑이신 창조주의 뜻에 의해 당신의 삶이 시작되었으므로 창조주의 뜻을 위해 사는 것이 진짜 인간적인 삶임을 상기시키면서.

2018년 2월 15일

하나님이신 사랑의 교회를 섬기는 작은 주의 형제가.